中国公共关系协会 编

推动高质量发展

中国公共关系优秀案例集

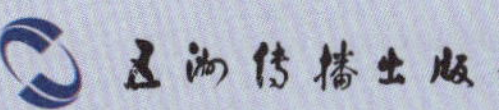

图书在版编目（CIP）数据

推动高质量发展 : 中国公共关系优秀案例集 / 中国公共关系协会编 . -- 北京 : 五洲传播出版社 , 2024. 12. -- ISBN 978-7-5085-5310-8

I. C912.3

中国国家版本馆 CIP 数据核字第 2024FX5167 号

推动高质量发展

中国公共关系优秀案例集

编　　者：中国公共关系协会
出 版 人：关　宏
责任编辑：王　峰　王逸凡
装帧设计：北京澜天文化传媒有限公司

出版发行：五洲传播出版社
地　　址：北京市海淀区北三环中路 31 号生产力大楼 B 座 6 层
邮　　编：100088
发行电话：010-82005927，010-82007837
网　　址：www.cicc.org.cn　www.thatsbooks.com
承　　印：北京市房山腾龙印刷厂
版　　次：2024 年 12 月第 1 版 第 1 次印刷
开　　本：165 mm×240 mm
印　　张：15
字　　数：221 千字
定　　价：75.00 元

编 委 会

点评专家

目录

序：公共关系服务高质量发展

郭卫民

高质量发展是“十四五”乃至更长时期我国经济社会发展的主题，是全面建设社会主义现代化国家的首要任务。推动公共关系服务高质量发展，更好发挥公共关系在中国式现代化建设中的重要作用，是公共关系服务党和国家中心工作的应有之义，也是推进公共关系理论与实践创新的现实要求。

2023 年 12 月，中国公共关系协会聚焦“公共关系服务高质量发展”主题，主办中国公共关系年度发展大会。大会包含两部分内容，一方面开展理论研讨，通过主论坛 + 圆桌论坛等形式，邀请部委相关负责人、国内外权威专家、世界 500 强企业和公关行业龙头企业代表，共同研讨中国高质量发展的机遇与挑战，公共关系怎样服务国家的高质量发展，以及公共关系本身如何加快创新前行，实现高质量发展。同时，把理论研讨和实践探索相结合，组织案例推荐，首次举办年度公共关系优秀案例展示，总结新时代中国特色社会主义公共关系在 2023 年的积极探索与实践取得的进展与成果。

协会由专家咨询委员会牵头，组织国内十多所大学新闻学院和公共关系行业的 35 位权威专家，针对征集的 120 个有效案例，经过筛选、初审、复审等环节，然后协会组织终审，最终推选出 35 个年度优秀案例。本次案例征集，参与主体多元，包括政府部门、国有企业和民营企业、在华外资企业、公关公司和社会团体。内容覆盖面广：有“贵州‘村超’，足球激情焕发乡村新生”、“让‘淄博烧烤’流量变留量”、“有一种叫云南的生活”（省级 IP）等地方政府通过立体传播展开的创新实践，也有“中核集团联动《流浪地球 2》展示科技硬实力 + 科幻软实力”“中交集团讲好‘一带一路’故事”“《花木兰》巡演美国引发中美人民情感共鸣”等中央企业海外传播和文化传播活动；有“雀巢助力云南咖啡全产业链发展”“中国平安开拓高质量科普新路径”“腾讯 SSV‘云认养’推动数字‘三农’高质量发展”等外资企业、民营企业平衡公共利益和企业利益，积极开展丰富、生动的公关活动，也有“华扬创想打造亚运主题宣传片”等公关公司运用新媒体新技术开展的专业公关实践。议题层次丰富，既有致力于讲好中国故事的海外正能量倡导和沟通，也有立足政府、企业自身发展所做的主动、正面的传播和引导，还有诸如“子品牌身陷舆论困境，巴奴用诚意化危为机”“中盐集团主动保供稳市，消除抢盐隐患”等危机发生后体现企业担当的回应与对话。

本次优秀案例展示取得积极反响和良好传播效果，社会各方希望能将这些案例作为学习样本。为此，协会将案例进一步完善，组织相关专家进行点评，结集出版。主要目的有三：一是宣传公共关系在服务国家高质量发展中的重要作用；二是为广大机构、企业提供一定借鉴；三是借此向社会普及公共关系知识，消除或减少对公共关系之误解。

党的十八大以来，中国公共关系事业得到长足发展。一方面，投身公共关系事业的主体不断丰富。政府、企业、机构的公关意识逐渐增强，各类组织、公共关系机构和从业人员队伍不断发展壮大，公关主体多元化、专业化发展趋势明显。另一方面，公共关系的平台和渠道日益拓展。以大数据、云计算、人工智能、AR、VR 等为代表的信息技术及应用快速发展，正在重塑人们的传统生活方式和传播模式。在此背景下，公共关系行业在数字化转型方面展现新作为、取得新进展。面对复杂的国际国内环境，中国公共关系行业围绕服务党和国家事业发展全局，加强顶层设计、提升专业能力，以自身高质量发展，为全方位、多层次、宽领域助力国家高质量发展，扎实推进中国式现代化建设提供了基础。

新形势提出新任务、新要求，公共关系事业发展要聚焦中心任务、突出职责使命、提升工作质效。

要凝聚各方力量，提升服务效能。努力运用好公共关系这一现代管理工具。政府部门要努力塑造良好形象、赢得公众信任，协调各方利益，增强有效沟通。企业和各社会机构要融入中国式现代化发展进程中，提高能力水平，履行社会责任，强化价值理念，以高水平的公共关系实践推动高质量发展。

要讲好中国故事，塑造国家形象。要把开展国际传播、讲好中国故事作为中国公共关系事业的一项重要任务。充分发挥公共关系行业资源优势，利用重大对外活动等积极开展中华文化对外传播。通过各种方式为“走出去”的中国企业和各类机构提供智力支持和公共关系服务，努力为他们的发展争取更广阔的空间。

要创新理论实践，助力行业发展。要加强新形势下公共关系理论和实践研究，让技术成为提升公共关系服务质量的助推器。自媒体时代，要加强公共关系行业能力建设，坚守真实、构筑信任，倡导共同价值。

要注重公共关系行业国际化发展，积极加强国际交流合作。

在新的征程上，中国公共关系协会将进一步发挥行业协会的引领服务职能，加强同国内外相关机构交流合作，为实现高质量发展、推进中国式现代化建设贡献智慧和力量。

01

突出特色 统筹安排

贵州“村超” 足球激情焕发乡村新生

贵州“村超”（乡村足球超级联赛）作为2023年现象级传播事件，引发全网热议、全民关注。其火爆“出圈”的背后，也是一次成功的政府公关范例——除了群众的运动热情和绚丽多彩的民族文化之外，它的成功也与当地政府因势利导、顺势而为的公关努力密不可分。“村超”像一个万花筒，多方位展示了贵州乡村振兴、乡村体育、民俗民风、文旅融合和基层治理现代化的丰硕成果，对内对外取得了巨大传播效果，塑造了贵州的良好形象，是公共关系服务高质量发展的具体实践、鲜活案例。

2023年5月13日，贵州榕江（三宝侗寨）和美乡村足球超级联赛在城北新区体育馆开幕，火热的现场氛围、精彩的民俗表演、地道的特色美食和接地气的办赛风格迅速走红全网、火爆出圈，被网友形象地称为“村超”。

据了解，榕江县群众性业余足球队伍多达40余支，仅该届“村超”参赛球队就有20支，皆以村民群众为主。联赛由群众自发组织，参赛球队以村为单位，20支球队采取小组循环及淘汰赛制。历经两个半月、98场比赛，在激动人心的决赛中，车江一村队通过点球大战击败忠诚村队获得冠军。

赛场之上，以村为单位，由小摊贩、教师、司机、学生、木匠等各行各业人员组成的球队在绿茵场上挥汗如雨、激战正酣。比赛场边，各族村民肩挑糯米饭、腌鱼、牛瘪等特色美食，手提杨梅、西瓜等水果，身着民族盛装为自己的球队摇旗呐喊、载歌载舞。观众席间，全村男女扶老携幼、摩肩接踵为自己的村队加油助威、声势震天。

随着一场场精彩比赛在“超级星期六足球之夜”火爆进行，在那个夏天里，“村超”火了，不光火出圈，还火出国了。在网络直播、社交媒体等“新农具”加持之下，“村超”立刻成为“沸”话题。“村超”“榕江足球”“村超为什么会火”等相关话题全网浏览量超20亿次，社会各界名人踊跃点赞，就连世界级球星迈克尔·欧文也发来“贺电”。持续火爆的“村超”被《人民日报》、新华社、中央广播电视总台、《光明日报》、《中国日报》、人民网、中国新闻网、《贵州日报》等中央及地方主流媒体大力报道，国家级主流媒体刊播稿件超530条。外交部发言人发文点赞，向世界推介贵州“村超”，称“这是伟大的比赛”。

其间，“村超”多次冲上抖音、快手、知乎等全国热榜，全网综合浏览

“村超”赛场的民族团结同心圆

量突破 580 亿次，全网在线观看“村超”直播人数超 6 亿人次，总决赛观看直播人数超 1 亿人次。知名足球解说员韩乔生、黄健翔等也来到现场，为赛事增添了人气。截至 2023 年 8 月，仅抖音平台上“贵州村超”话题播放量就达 93 亿次。2023 年 5—10 月，抖音“村超”相关话题播放量超 130 亿次，18.5 万人次参与话题内容创作，榕江县抖音打卡量同比增长 388 倍。

贵州“村超”取得了巨大社会影响。赛事的成功举办推动了贵州省农村足球运动的发展，提升了农村地区的体育文化氛围，提高了贵州省的知名度和美誉度。“村超”也取得了可观的经济效益。贵州“村超”品牌效益初显成效，累计与多家企业达成品牌合作，全县新增市场主体 2137 户。此外，赛事的举办也带动了举办地旅游业、餐饮业等相关产业的发展，当地累计接待游客 520 万人次，实现旅游收入近 60 亿元。

“村超”能火遍全国，与当地群众的运动热情和绚丽多彩的民族文化密不可分，也与当地政府因势利导、顺势而为的公关策略息息相关。贵州“村超”坚持开放办赛，不收门票，不拉赞助，村民自己当办赛主体，与当地相关组织携手，分工协作。

当地政府部门将足球热情与乡土文化完美结合，也提升了赛事观赏性。“村超”以村为代表队单位，鼓励基层群众参与足球运动，推动足球文化在农村的普及和发展。设立接地气的奖品奖项，激发了球员内在热情，提高了赛事观赏性。清华大学体育产业发展研究中心主任王雪莉认为，良好的相关运动的群众基础，以及对打造和夯实相关运动基础的注重，是贵州群众性体育接连出圈的核心因素。

当地采用多元传播策略，更引爆了全网关注热潮。赛事通过现场直播、网络直播、短视频等多种形式进行传播，再加上中场休息时的“民族服装 T 台秀”等，满足不同受众群体的观看需求。事实上，“村超”在新媒体平台上能有卓越表现，还得益于榕江县于 2021 年发起的新媒体助力乡村振兴“万人行动计划”，其目标是培训村寨代言人 12800 名、致富带头人 2000 名。

在 2023 年服贸会上，贵州“村超”与英格兰足球超级联赛签署战略合作协议。

当地村民们用自己的手机，通过多元的视角，记录了“村超”的精彩瞬间。

贵州“村超”实践了公共关系服务高质量发展的理念。“村超”赛事举办期间，榕江县委、县政府高度重视公共关系工作，调动各方积极性，成立了 16 个服务保障小组，紧紧围绕“共享村超流量、共创人民足球”目标，把村超品牌保护好、效益发挥好、安全维护好，搭建人民足球平台。按照“只见服务不见人”的原则，充分尊重人民群众的主创精神，有效保证了赛事的安全、有序、精彩。“村超”坚持以人民为中心，突出人民主体，尊重人民群众的首创精神，被央视新闻称赞“是中国式现代化实践的生动诠释”。

可以说，“村超”是坚持以人民为中心，靠全民参与共建、以乡村足球为媒、用优秀文化搭台、让经贸产业唱戏、以数字媒体为工具的现象级文化传播品牌，是立足于平凡人物真善美的感人故事，快乐“村超”的品牌载体传播的是中华优秀传统文化中最向上、最向善、最向美的正能量，这些都有利于增强各族人民文化自信，提升人民精神面貌。

“村超”比赛现场座无虚席

背景资料

“村超”，是从乡村体育的乐子中找到了乡村振兴的路子，通过乐子找路子，发展路子强乐子，树立牌子（品牌）富日子，人民群众的乐子就是发展的路子。“村超”是通过踢好快乐足球，树立快乐品牌，传播快乐文化，搭建快乐平台，发展快乐经济。

截至 2024 年 5 月 14 日，持续火爆出圈的“村超”获得了人民日报、新华社、央视新闻、人民网等国家级主流官媒刊播稿件近 600 条，“村超”话题综合浏览量超 700 亿次，已成为中国乡村“现象级”赛事，被称为“中国式现代化实践的生动诠释”“人类文明新形态”“乡村振兴的催化剂”。习近平主席在二〇二四年新年贺词中点赞“村超”活力四射，诠释了人们对美好幸福的追求，也展现了一个活力满满、热气腾腾的中国。坚持农民唱主角的群众性文体活动“村超”被写入 2024 年中共中央一号文件。

“村超”的火爆不是一蹴而就的，而是厚积薄发的结果，是在一次次失败后不断总结经验、持续探索的结晶。“村超”的出圈是有模式可依、有路径可循、有经验可借的。

“村超”火爆出圈的基本逻辑是：利用老乐子，挖掘老文脉，借助新媒体，吸引新人脉，形成新动能。深厚的足球底蕴和多彩的民族文化是“老文脉”，充分利用好新媒体和各类优秀人才，坚持守正创新，走好线上线下群众路线，全民参与、共创共建，成功推动了贵州“村超”持续火爆出圈。

贵州“村超”既是一项足球赛事，也是一种幸福产业、快乐经济。大力发展“超能经济”，把文化瑰宝和自然珍宝转化为群众增收致富的金银财宝，推动农文旅体商融合发展，真正将村超“村超流量”转化为经济“增量”。目前，村超品牌与百度、索尼、中航油、汇源、伊利、蒙牛、奇瑞、携程等 30 余家知名企业达成深度合作，加快推进村超电影、村超短剧、村超食品、足球服装、足球制品、体育装备等“村超”项目落地，全力将“村超”赛事做成旅游产品、做成体育产业。

专家点评

贵州“村超”的公共关系案例是一次深入且富有成效的文化品牌构建，也是一次公共关系策略的杰出展示。这不仅仅是一场体育盛事，更是一次对地方文化、社区凝聚力和品牌价值的深度挖掘与提升。

贵州“村超”通过搭建一个全民参与、多元文化交流的平台，成功地实现了公共关系中的“双向沟通”“同频共振”目标。这种沟通不仅仅是信息的传递，更是情感、价值和文化的交流。通过邀请国际足球巨星参与、展示当地苗族文化特色，以及让村民直接参与赛事和展演，贵州“村超”构建了一个开放、包容、多元的沟通环境，使公众对赛事产生深厚的情感联系。

从品牌塑造的角度来看，贵州“村超”案例展现了公共关系在品牌构建中的重要作用。贵州“村超”通过赛事和活动的成功举办，将“苗族文化”“全民参与”“体育精神”等元素融入品牌之中，形成了独特的品牌价值和品牌形象。这种品牌塑造不仅提升了赛事的知名度和美誉度，也为当地文化的传承和发展注入了新的活力。

贵州“村超”案例体现了公共关系在推动社会发展和文化繁荣中的重要作用，是一次成功的公共关系实践，为我们提供了宝贵的经验和启示，也为我们提供了深入思考和探索公共关系理论的新视角和新思路。

（点评专家：吕大鹏）

吕大鹏｜专家简介

中国公共关系协会专家咨询委员会执行主任，中国人民大学国企形象建设研究院院长。曾任中国石化新闻发言人、党组宣传部部长。兼任清华大学新闻与传播学院硕士项目业界导师、全国领导干部媒介素养培训基地教授、国资委新闻中心舆情处置顾问。

著有《价值传播》《企业新闻发布并不难》《沟通创造价值——企业公众开放日品牌活动探索与创新》等专著，参与编撰《新闻发布实训》《发言人说——中国新闻发言人的传播实践》等书籍。

因势利导 让“淄博烧烤”流量变留量

2023 年，一场始于烟火、归于真诚的烧烤热潮从淄博市席卷全国。在“进淄赶烤”的双向奔赴中，淄博市顺势而为，向大家展现了“人好、物美、心齐”的城市形象，让流量变留量，拉动了地方经济，提升了政府公信力。“淄博烧烤”点燃城市形象，是新时代政府公关的一次精彩演绎、生动实践。

淄博烧烤历史悠久。在淄博陶瓷琉璃博物馆里，陈列着几千年前当地用于烤炙食物的陶琉容器。2022 年度全国十大考古新发现之一的临淄赵家徐姚遗址就在淄博境内，更是将当地烧烤食物的历史推至距今约 13000 年。

2023 年 3 月 10 日，淄博市政府新闻办公室组织召开新闻发布会，对打造“淄博烧烤”美食品牌相关情况进行介绍，公布一系列举措。例如设立淄博烧烤名店“金炉奖”、成立烧烤协会、宣布五一举办淄博烧烤节，还直接发放 25 万元烧烤消费券。为方便广大游客奔赴“烤场”，铁路部门专门在济南与淄博之间开通“烧烤专列”，淄博市文旅局“一把手”带领全市文旅系统“代言人”作推介；淄博市内还新增 21 条“淄博烧烤”公交专线，为游客带来“打卡热门烧烤店”线路攻略。由淄博市烧烤协会牵头，结合 2022 年首届淄博烧烤名店“金炉奖”推荐活动参与企业，补充完善相关特色烧烤名店信息，先行发布一期淄博烧烤地图，内容包括烧烤店相关介绍、地址、联系方式、导航路线等。

一系列精心筹划和细致准备，带来良好的工作成效。仅 2023 年 3 月份，淄博就接待外地游客 480 多万人次，同比增长了 134%，旅游收入增长了 60%。2023 年五一期间，淄博每日接待游客约 20 万人次，知名打卡地“八大局便民市场”登顶全国景区“排队榜单”；淄博站累计发送旅客超 24 万人次，较 2019 年同期增长 8.5 万人次，增幅 55%。

从传播效果来看，以“淄博烧烤”为关键词的网络声量内容达 1100 多万篇次。从山东省内主流媒体到全国性主流媒体再到央级媒体，报道持续进行且内容较有深度。央媒及主流媒体跟进报道并发表评论，淄博烧烤彻底出圈；热度持续至五一，“进淄赶烤”等热词出现，话题度持续增加。期间，当地政府“教科书式”的反应也使得淄博烧烤的热度居高不下，不论是文旅局长的热情邀请，还是充分体现淄博深厚文化底蕴的优质公文，都让公众赞叹不已，相关话题的讨论热度极高。

淄博此次实践的基础在于政府全方位服务游客，真正将以人民为中心的发展思想贯穿始终。当地政府部门坚持“管理就是服务、服务就是管理”的理念，有问题解决问题、有需求满足需求。在“烧烤”话题刚热起来时，政府部门就顺势而为、迅速跟进，开通“烧烤专列”，新增 21 条定制公交专线，组织全市 207 家单位免费开放停车场和公厕，严控酒店房价，上线“您码上说·我马上办”民意平台，健全投诉接诉机制。同时，成立烧烤协会，制定行业规则，加大食品安全检验检测力度，为广大市民、游客营造了安心舒心的消费环境。《人民财评》在 2023 年 5 月 6 日的评论中，肯定了淄博烧烤的爆红并非偶然，指出了其成功的原因包括互联网时代的流量入口效应、当地政府的因势利导以及为消费者着想的舒心消费环境。文章还特别提到了淄博烧烤物美价廉、货真价实的特点，以及当地政府在优化消费环境方面的努力。

这次实践的关键还在于全员化参与，真正将“人民城市人民建、人民城市为人民”的理念贯穿始终。政府、市场、市民的良性互动，是淄博市这次成功出圈的原因之一。各级各部门和广大党员干部主动作为、积极作为、创新作为；各行各业坚持诚信经营、规范运营、薄利多销，只挣自己该挣的钱，让消费者买得踏实、买得顺心；广大市民大气包容、真诚奉献，想游客所想、尽自己所能，用一言一行、一举一动，塑造了城市形象、擦亮了城市品牌。有网友评论淄博烧烤的火爆时这样说："淄博烧烤的灵魂是和谐的氛围，是烟火气息，是吹着小风吃着烤串和朋友家人畅谈畅饮的欢乐，还有，近期来吃感受到的更是从政府到群众的热情（平时也很热情，只是近期大家都更努力地服务好大家）。"

这次成功实践的前提也在于政府全过程护航，真正将统筹发展和安全的理念贯穿始终。"淄博烧烤"迅速得到公众认可，网络声量迅速攀升，最高时达到 1100 多万篇次。但当地政府部门并没有被"流量"冲昏头脑，而是依然坚持将安全稳定摆在首要位置，保持冷静清醒的态度面对流量。流量发酵之初，就建立提振消费联席会议机制，快速分类处置涉及烧烤的各类问题。随着流量持续高位运行，针对可能出现的客流超载风险，果断确定"逐步降温、全域分流"工作思路，以"既服务好游客、又照顾好市民"为原则，倡导本地市民让利、让路、让景于客，建议外来游客"错峰出行、避免扎堆"，推介省内其他 15 市文旅资源，同时指导帮助市场主体 20 天建成烧烤体验地，分散流量、把控风险。流量进入平稳阶段后，主动做好转化、融合、赋能文章，借势扩内需、促消费、抓招引、强产业、谋发展，聚力打造服务、诚信、志愿、劳动、文化"五个淄博"。新华锐评称，作为一个老牌工业城市，淄博在转型过程中不断求新求变的态度，值得不少地方学习。早在几年前，淄博就引导露天烧烤"三进"经营，并推广使用无烟环保炉具等，开启了淄博烧烤规范管理之路。当消费者欢乐奔赴潮起之际，淄博及时抓住机遇，打出一整套"组合拳"，从吃住行游购娱各方面，给消费者营造了便捷、舒适、安心的烧烤之旅：地方政府定制公交、安排专列，文旅局长轮番上阵、组团出动，政府以诚相待，商家诚信经营，民众热情相邀，"好客山东"的形象体现得淋漓尽致。

淄博实践是多方面的，也是新时代中国公共关系的创新探索，为淄博市打开了高质量发展的上升通道，让城市热度火起来、群众生活火起来、改革发展火起来。淄博善于借势，高水平开展政府公关、打造城市名片、推动高质量发展的做法，无疑为其他城市提供了有益的参考和启示。

背景资料

淄博市位于山东省中部，西邻省会济南，东临潍坊、青岛，是省会都市圈次中心城市。先后获评全国文明城市、全国双拥模范城、国家森林城市、中国优秀旅游城市、全国社会治安综合治理优秀市、国家卫生城市，并荣膺“中国人居环境范例奖”。

2023 年，“淄博烧烤”现象级出圈，全市上下心往一处想，劲往一处使，党委、政府和游客市民形成了相互理解、彼此信任、双向奔赴的良性互动，城市美誉度、知名度、影响力大幅提升，“人好物美心齐、共促城市发展”的城市形象日益彰显。

进入新的发展阶段，淄博市将主动服务和融入新发展格局，锚定“走在前、开新局”，聚焦“3510”发展目标和“强富美优”城市愿景，大力倡树“三提三争”，深入推进“五个淄博”建设，着力推动绿色低碳高质量发展，更加注重城乡区域统筹协调，持续保障、改善民生，努力实现质的有效提升和量的合理增长，奋力推动新时代社会主义现代化强市建设迈上新台阶。

专家点评

“淄博烧烤”案例不仅展示了地方特色美食的魅力，更在公共关系层面上实现了品牌价值的深度挖掘与广泛传播。

从公共关系角度来看，淄博烧烤的成功在于其准确把握了公众的需求和心理。通过深入了解消费者的口味偏好和饮食习惯，淄博烧烤不断创新菜品和烹饪方式，满足了不同人群的需求。同时，淄博烧烤十分注重与当地文化的融合，将传统文化元素融入烧烤美食中，让人们在品尝美食的同时，也能感受到浓厚的文化氛围。

在品牌塑造方面，淄博烧烤通过一系列的公关活动，成功塑造了独特的品牌形象。这些活动不仅展示了淄博烧烤的独特魅力，也展现了城市的文化底蕴，传递了城市的人文精神。这种品牌形象的塑造，不仅增强了公众对淄博烧烤的信任和认可，也为城市的品牌建设和文化推广提供了有力支持。通过深入了解公众需求、注重与文化的融合以及精心策划公关活动等方式，淄博烧烤成功实现了品牌价值的深度挖掘和广泛传播。这一案例不仅为我们提供了宝贵的经验，启迪我们深思，也为我们在进一步探索公共关系理论的过程中，点亮了新视角，开辟了新思路。

（点评专家：吕大鹏）

巧借“双十一” 推介央企大国重器

国务院国有资产监督管理委员会新闻中心巧借“全民购物节”，盘点国之重器购货清单，被网友称为“史上最硬核的国货购物车”“没人抄得来的作业”。“国资小新”遴选已公开的大国重器参加活动，兼顾其科技创新硬实力、社交媒体传播力，并侧重2023年以来取得的新突破、新成果、新应用。这一活动形式新颖，硬核输出，打出“组合拳”，亮出“硬实力”，好好“秀”了一把大国重器，充分彰显了央企科技创新“先锋队”“主力军”硬核实力，取得了良好的社会反响，推动形成尊重科技、崇尚创新、合力攻坚、共享价值的良好舆论氛围。

2023年10月30日至11月11日，国务院国资委新闻中心“国资小新”联合微博、淘宝平台发起“最硬核的国货购物车”网络主题宣传（以下简称“活动”），推介中央企业近年来取得的重大科技突破、具有代表性的大国重器。“国资小新”借“双十一”之际，在其淘宝店铺一口气上架了16款“硬核”国货，有全球最大直径竖井掘进机“梦想号”，有被称为“移动核能充电宝”的全球首个陆上模块化小型核反应堆“玲龙一号”，还有国内首款商用可重构5G射频收发芯片“破风8676”等。这些货品都统一标价为99.9999万元，而且店铺明确提示“‘大国重器’敬请加购，不必付款；过于先进，仅供展示”。

大国重器集中上线电商平台，引发舆论热议。有网友发现，上新的16件“货品”均来自国企、央企，其中，有9款产品被贴上“国内首个”或“全球首个”的标签，4款产品被冠以“国内最大”或“全球最大”的称号。还有网友表示，这些大国重器组团上新，体现了中国妥妥的科技水平，主打的就是一个自信。

活动期间，“最硬核的国货购物车”话题收获超5.4亿人次阅读，534.9万人次讨论，1078.1万人次互动，爆款产品“直-20”“玲龙一号”“太行110”“深海一号”荣登“销售榜”前列。话题尚未收尾，大众已开始期待2024年硬核购物车清单。

“最硬核的国货购物车”淘宝开屏页

国资委新闻中心注重公共关系认同，多方吸引受众，形成互动。“国资小新”淘宝店铺上架16款大国重器，虽“展而不卖”，却允许并鼓励网友加购大国重器并生成海报，分享至社交媒体。许多人表示，虽然买不起，但加购这些大国重器让他们感到自豪。活动以“行为影响认知”为核心理念，通过“加购”这一简单动作，不仅进一步拉近央企“国家队”与人民群众的情感联系，还成功地借助网络平台展示了中国的科技硬实力。

“国资小新”淘宝店

“国资小新”上架 16 款“硬核”国货

国资委新闻中心注重价值传播，强化内外联动，做好宣传。2021 年以来，“国资小新”已连续 3 年在 11 月 11 日推出“最硬核的国货购物车”网络主题宣传，入选 2022 中国正能量网络精品“网络正能量主题活动”。2023 年这次活动，“国资小新”又统筹有关央企推出主题海报、带货短视频、粉丝抽奖等活动，新媒体矩阵全程宣发。在淘宝平台协调头部直播间，13 场直播吸引近 5000 万人次观看，大国重器加购和搜索量超千万。在微博平台协调上百个政媒官微、各领域大 V 参与主话题互动。2023 年 11 月 11 日，发起微博话题“你的 idol 喊你上线加购大国重器啦”，官宣 9 位文艺明星为大国重器“宣推官”，形成讨论高潮。这些文艺明星通过自己的社交媒体平台向公众和粉丝介绍“玲龙一号”“快舟一号甲固体运载火箭”“‘直-20’直升机”“福建舰”“深海一号”等九个国之重器，宣传国家的重要科技成果，提高公众和粉丝对我国科技实力发展的认识和兴趣。

国资委新闻中心注重构建良好公共关系，推动实现多平台联动，持续造势。本次活动上线以来，中央企业广泛参与，吸引了《人民日报》、中央广播电视总台、新华网、《光明日报》、《经济日报》、《科技日报》、《工人日报》、《中国青年报》、《北京日报》等百家媒体报道。人民网报道称，大国重器上架万能的淘宝，突破了许多人对国企和淘宝的固有认知，因此每次都能引发广泛的社会关注。新华网称，通过淘宝的货架、直播间，通过社交平台的留言区，大家正和大国重器产生奇妙的碰撞；尖端工业制造有意识借助国民电商平台与公众亲切互动，是一种可贵的创新。《长江日报》称，16 件大国重器本身都是自立自强的产物，凝聚了中国“智造”的能力和实力，将它们放在大众网购平台上统一亮相，展现了中国人的创新精神和攀登精神，也在轻松愉快的“玩梗”中孕养出大众对中国整体科创实力的强大自信。《北京日报》称，电商平台展示的大国重器，让大众看到了“硬核国货”通过网络平台在全球配置资源、拓展市场的美好未来。期待在不远的将来，“硬核

“玲龙一号”多用途模块式小型堆科技示范项目

国货”能从展示品变成真正的可购品，中国工业品也将借助互联网驶向广阔无垠的星辰大海。

“新一批大国重器上架”“世界首款核能充电宝上架”“售价 999999 元5G 芯片暂不能买”等 32 个相关话题 54 次登上微博、百度、今日头条、抖音等平台热搜，彰显央企科技创新“先锋队”“主力军”硬核实力，取得了良好的社会反响。网友广泛参与、好评不断，有头条网友称，大国重器上架淘宝平台释放了多重信号，体现了国家对科技创新和高端产品的重视，展示了中国科技实力的崛起，并促进了消费升级和创新驱动发展战略目标的实现。

该活动面向全网，以“互动 + 传播”的方式，通过 13 天的持续宣介，引导网友感知大国重器蕴含的成就感、自豪感，共享中央企业科技创新成果带来的宝贵价值，让科普宣传更加贴近受众，成就宣传更能共情共鸣。

“破风 8676”可重构 5G 射频收发芯片

直-20 战术通用直升机

中国石油深地塔科 1 井应用 12000 米特深井自动化钻机

背景资料

国务院国资委新闻中心，是国务院国有资产监督管理委员会直属事业单位，主要承担国资委和中央企业的新闻宣传工作。其官方新媒体平台“国资小新”已在微信、微博等 20 余个社交媒体积累了 3000 余万粉丝，创造了“最硬核的国货购物车”“国家队团建式喊话流浪地球”“坐标中国”等多个“破亿”爆款，被业界誉为“国资小新现象”，为国资国企政务公开、壮大国企主流舆论场、促进舆论态势稳中向好发挥了关键作用。

在公共关系建设方面，国资委新闻中心主要开展了以下工作。一是做强自有平台，拓展国资国企传播主渠道。深化政务公开，在确保公开内容全面、准确、及时的基础上，围绕国资委重大政策、重要会议、重点工作开展延伸阅读、图说解读、评论引导等，切实保障人民群众的知情权、监督权。加强政务服务，定期发布的“国企招聘”“央企大拜年”“小新微公益”等栏目，将国企资源搬到线上，切中人民群众“急难愁盼”的痛点。二是做优品牌传播，唱响国企改革发展主旋律。持续做好主题宣传，坚持每年 1—2 个主题，近 5 年打造了“央企日历”“央企扶贫地图”“百年党旗红 国企新征程”等网络活动，成为打造新闻宣传年度亮点的“主力军”。精巧设置议题，围绕中央企业超级工程、大国重器建设进展和重大节点，突出“国家队”“大国重器”“基建狂魔”等形象；重点报道脱贫攻坚、抢险救援等社会责任有效举措，强化“责任国企”“大国顶梁柱”“国之栋梁”等靓丽品牌。三是做大统一战线，锻造网上舆论引导主力军。与主流媒体内容合作，打造“习近平总书记的国企足迹”“信物百年”“坐标中国”“对话新国企”等重点产品；与网络平台资源对接，打造“科幻作家走进新国企”“国家队宠国家队”

等热点话题；与网络名人意见对话，以“视觉新国企”“中国企业新媒体年会”等品牌为依托，形成政企学媒网上网下“同心圆”；联系中央部委，连续6年与“共青团中央”开展“中国制造日”，与“微言教育”联合推出“与大国总师做校友”，协同传递新时代“好声音”。

“国资小新”以“最硬核的国货购物车”网络主题宣传为抓手，深化媒体融合，紧扣国资央企使命定位和大国重器特色亮点，坚持以小切口反映大主题，推动通过推介中央企业近年来取得的具有重大突破性和创新性的大国重器，通过趣味性、拟人化的传播方式向大众展现了我国综合国力的提升，用具有国资央企特色的可视化产品讲好新时代国企故事，是做好政务传播和讲好国企故事的创新举措，是彰显科技兴国、文化兴国、人才兴国战略的重要路径。

专家点评

这次“最硬核的国货购物车”活动无疑是国资委新闻中心在公共关系策略上的又一次成功尝试。

一是创新宣传方式。活动充分利用了“双十一”这一全民购物狂欢节的热度，以新颖、有趣的方式推介了央企科技创新成果和大国重器。这种将科技展示与消费文化相结合的宣传方式，不仅提升了活动的关注度和参与度，也让大众在轻松愉快的氛围中感受到了中国科技的强大实力。

二是强化品牌形象。通过展示“国内首个”“全球首个”等具有标志性的科技成果，央企的品牌形象得到了进一步强化。这些大国重器的集中亮相，不仅彰显了央企在科技创新方面的“先锋队”和“主力军”地位，也提高了公众对央企的认知和认同。

三是增强互动体验。活动通过“展而不卖”的新颖方式，吸引网友加购大国重器并生成海报分享至社交媒体。这种互动体验让网友获得了参与感和成就感，也拉近了央企与人民群众的情感联系，让科技宣传更加贴近受众。

四是多平台联动宣传。国资委新闻中心通过新媒体矩阵全程宣发，形成了强大的宣传声势。这种多平台联动的方式不仅提高了活动的曝光度，也增强了活动的传播力和影响力。

该活动通过展示央企的科技创新成果和大国重器，营造了一种尊重科技、崇尚创新、合力攻坚、共享价值的良好舆论氛围。

（点评专家：吕大鹏）

云南打造“有一种叫云南的生活”省级 IP

从网络热词到省级 IP，“有一种叫云南的生活”强劲“破圈”，全网阅读量突破 100 亿，成为继“亚洲象北上南归”国际传播经典案例后，云南在对外形象塑造上的又一次成功实践。它充分利用新时代中国特色公共关系作用，通过“情感”法则建立共情基础，运用“双向互动”原则实现多元主体共同参与，拓宽传播渠道，带动云南文旅强劲复苏。

“到普洱小熊猫庄园体验一次研学，到德钦松赞梅里山居酒店等候一轮日出，到保山新寨‘中国咖啡第一村’寻一抹咖香，到滇南临安老城淘一把建水紫陶壶，到怒江老姆登村嗨一场‘达比亚舞’”——2023 年 3 月，云南省委主要负责人致信网民，发出了一封来自彩云之南的邀请函，欢迎大家体验“有一种叫云南的生活”。短短几天，相关话题登上多个平台热搜，全网阅读量超 2.7 亿。话题一路强劲“破圈”，不到 5 个月的时间，全网阅读量突破 100 亿。云南省委宣传部顺势响应，全力打造“有一种叫云南的生活”省级 IP，向全世界想要寻找和体验多样生活的人群发出邀请。

“有一种叫云南的生活”是融通中外、充满诚意和温度的表述，它让参与其中的每个人都拥有广阔的想象和发挥空间。在这个叙事总框架下，讲述发展云南、团结云南、绿美云南、开放云南、温暖云南的故事，向世界展示了中国文化的多元化和包容性。作为热门旅游目的地，云南省抓住了旅游消费强劲复苏的机会，持续创新旅游产品、业态和模式，推动旅游业与文化、体育、农业等多产业融合发展，从单一的景点观光向深度体验度假转型。历时半年多，“有一种叫云南的生活”从网络热词变成了全网阅读量超 170 亿次的省级 IP。截至 2023 年 11 月，共有 600 多家新闻网站、300 多个新闻客户端、2000 多个微信公众号参与“有一种叫云南的生活”话题传播。传播热度还带动了当地文旅强劲复苏，拉动云南旅游市场保持高开稳走、加速回暖的态势。2023 年 1 月至 10 月，云南全省接待游客 9.17 亿人次、实现旅游收入 1.13 万亿元，分别是 2019 年同期的 1.3 倍和 1.2 倍。

“有一种叫云南的生活”话题热度持续。数据显示，2024 年春节黄金周，云南共接待游客 4514.61 万人次，同比增长 244.7%，实现旅游收入 384.35 亿元，同比增长 249.4%，均大幅超过疫情前的 2019 年。

云南旅游的“出圈”，并非源自偶然的创意火花，而是一场有组织的公关行为。从多元主体共同参与统筹规划、各级传播渠道借筒发声，到党政机关持续开展的市场整治，云南省使出各式“招法”，充分运用互联网、政策与资源，从而实现了云南文旅的火爆营销。

首先，运用公关“双向互动”原则，官方定调、主导方向，多元主体共同参与。云南省委宣传部引导议题设置，在云南 16 个州（市）召开各具特色的新闻发布会，聚合国家、省、州（市）、县四级媒体力量，开展系列调研采访。“有一种叫云南的生活”概念提出后，“云南发布”、云报客户端、云南网、七彩云端客户端等云南主流媒体及时发声，第一时间以“有一种叫云南的生活”为 IP 推出短视频、海报、图文稿件等新媒体产品，在新浪微博、抖音、快手多个平台同时开设话题。随后，《人民日报》、新华社、中央广播电视总台、《光明日报》、《中国日报》、中新社、《工人日报》、《农民日报》等中央媒体广泛参与，在报纸、网站、微博、客户端等多个平台持续推送相关稿件，助力“有一种叫云南的生活”

“有一种叫云南的生活”宣传图片

出圈。话题掀起热潮后，省内媒体持续发力创新表达，不断拓展“有一种叫云南的生活”话题外延，以云南自然风光、文旅活动、民族风情、非遗文化等为主题，借助图片、短视频、宣传片、直播等新媒体可视化传播，发起“天边有朵云南的云”“云南的天空不需要滤镜”“来不腻的云南”“有一种叫云南的生活·畅想文山”“遇见东方人类故乡楚雄”等众多独具特色的衍生话题，形成了强大的宣传聚合效应。中国日报社等上百家主流媒体全面铺开，“滇西小哥”等大V集中造势，普通网民积极参与，带话题发布云南文化、美食、美景、民俗等内容，实现网络传播与现实生活的同频共振。

其次，深入推进旅游服务品质提升，持续开展旅游业市场整治。旅游业是综合性产业，带动性强、辐射面广。2023年春节前，云南推出《加强旅游市场秩序整治若干工作措施》（以下简称《工作措施》），通过16条措施，从市场监管、违规查处、行业诚信、案件曝光、劳动用工、执纪问责等方面进一步巩固云南省旅游市场秩序整治成果，规范旅游市场秩序，提升旅游服务质量，树立云南旅游良好形象。《工作措施》提出保障州（市）旅游市场监管综合调度指挥中心高效运转，加大旅游市场违法违规行为查处力度，落实好综合监管机制、投诉处置机制和“30 天无理由退货”机制等，做到“诉求有人管、退货办得了、舆情有回应、反馈有温度”，关注侵害消费者合法权益的重点违法违规行为，一经查实依法依规从严查处。

最后，加强公共关系顶层设计，拓宽传播渠道，借筒传声、借船出海。依托云南举办的国际性展会、品牌活动，如中国—南亚博览会、世界媒体峰会暨大象国际传播论坛、腾冲科学家论坛等，在其中设置议题，争取高规格曝光。灵活运用新媒体，在网站、海外社交平台开设多语种栏目，全力推送“有一种叫云南的生活”相关内容。云桥网英文评论推出原创评论“Eric's Insight: Yunnan lifestyle to form a new trend in tourism”（“有一种叫云南的生活”培育旅游新优势）。此外，各平台陆续推出《有一种叫云南的生活｜“咖啡巴士”惊艳亮相春城》《有一种叫云南的生活｜在昆老挝留学生注册旅行社 开展中老旅游服务》等多语种文章。围绕“有一种叫云南的生活”这一主题，云南省南亚东南亚区域国际传播中心海外社交媒体账户还在端午节、五一假期、傣族泼水节、景颇族目瑙纵歌节、中老铁路开行国际旅客列车等重要节点加强策划，发布稿件 1000 余条，累计浏览量达到 500 万次，收获了大量海外网友好评。X（原 Twitter）网友 Mima 评论：“我 10 年前来过云南旅游，期待再次回归。”X 网友 Barry 说：“我很喜欢云南的风土人情，看到这些图片让我心情愉悦。”

截至 2024 年 3 月 5 日，在“有一种叫云南的生活”提出一周年之际，全网话题阅读量突破 260 亿，成为继“亚洲象北上南归”国际传播经典案例后，云南在对外形象塑造上的又一次成功实践。

背景资料

云南地处中国西南边陲，以独特的高原风光，热带、亚热带的边疆风物和多彩多姿的民族风情，闻名于海内外。旅游资源十分丰富，已经建成一批以高山峡谷、现代冰川、高原湖泊、石林、喀斯特洞穴、火山地热、原始森林、花卉、文物古迹、传统园林及少数民族风情等为特色的旅游景区。

近年来，云南省深入贯彻落实习近平总书记对旅游工作的重要指示和关于旅游发展的一系列重要论述、考察云南重要讲话精神，在省委、省政府坚强领导下，锚定“3815”战略发展目标，持续打响“有一种叫云南的生活”品牌，打造文旅融合升级版，推动旅游高质量发展取得新成效。

专家点评

所谓 IP 运营，首先要明确自己的定位和目标群体，同时要做好内容，粘住粉丝，在互动中形成品牌，最后还要落到实处，进行商业开发。近年来，所谓的 IP 运营已经从个人品牌发展到了机构品牌，从线上的内容生产到线下的实际经济活动，特别是在文旅开发中形成了城市运营品牌。“有一种叫云南的生活”就是在这一潮流中一个比较突出的案例，也是新时代公共关系的创新实践。总结起来，有以下几个特点。

一是全方位的省级包装。IP 的文旅运营一般都是从县级城市或是地级城市开始的，省级层面的全域开发非常少。云南抓住了文旅热，推出了“有一种叫云南的生活”的整体包装，调动省级资源，结合原来云南特有的“彩云之南”形象，使得公关活动迅速“出圈”。

二是全媒体的介入与整合营销。在这次活动中，既有上百家主流媒体参与，也有网络媒体互动参与，不仅设置主话题，还有多种衍生话题，且非常注重互动，极大提升了传播声量。

三是线上与线下的有机结合。线上是为线下服务的，宣传是为实体经济服务的。云南在进行宣传的同时，深入推进旅游服务提升，努力提供更为丰富的旅游产品，取得了非常不错的实际效果。

四是国际化的视野。作为一个边境省，云南还担负着边境国际传播的任务，在这次活动中，云南展示了自己的国际化视野，扩大了中国的国际影响力。

（点评专家：刘笑盈）

刘笑盈｜专家简介

中国传媒大学传播研究院教授、博士生导师，中国传媒大学媒介与公共事务研究院学术委员会主任。

社会职务有中央电视台发展研究中心特约研究员，中国公共关系协会专家咨询委员会副主任委员，第 20 届中国新闻奖、第 12 届长江韬奋奖评委，山东省委宣传部新闻发言人培训基地专家组成员，北京市社会主义学院兼职教授，中国人民公安大学进修部客座教授，北京城市学院兼职教授。广东省疾控中心健康传播顾问等。

主要研究领域为新闻传播，新闻发布，危机处置与舆论引导，国际关系与国际传播。出版学术著作《中外新闻传播史》《国际新闻学》《国际新闻史》《突发事件处置与舆论引导》《全媒体时代突发事件舆论引导实用教程》等十余种，发表各类论文近百篇。

作为中国传媒大学领导干部培训基地的专家，自 2005 年起开始为各部委，全国各省市及各类企业进行新闻发言人、舆论引导、危机处置、国际传播等各类培训，授课已数千场，培训各类领导干部及相关人员数十万人。

《花木兰》美国巡演成功引发中美人民情感共鸣

六场演出，场场爆满，好评如潮。中国舞剧《花木兰》赴美国波士顿、华盛顿巡演，凭借实力一路圈粉，点亮了中国文化之光。“木兰出海”征服美国观众的背后，是中国对外文化集团打出的跨文化传播“组合拳”：通过深耕中国传统文化，创新国际话语表达，巧借艺术的共同魅力，实现了守护家国、向往和平等共同价值观的对外传播。舞剧《花木兰》引发了美国观众强烈的情感共鸣，拉近了中美人民心灵的距离，是一次成功的跨文化公关活动事例。

2023年9月23日至10月1日，在中国对外文化集团有限公司“中华风韵”品牌推动下，舞剧《花木兰》首次登上美国波士顿博赫中心王安剧院和华盛顿肯尼迪表演艺术中心的舞台，成功在两地共举办6场演出，受到当地观众热烈追捧，现场观众近万人。

《花木兰》由浙江省宁波市演艺集团、中央歌剧院和武汉黄陂区政府共同出品。《花木兰》集结了国内一流主创团队，由周莉亚和韩真担任总导演和编舞，诗人、词作家朱海担任编剧，国家一级作曲家杜鸣谱曲，著名舞者郝若琦、夏天领衔主演。《花木兰》舞剧先后荣登第十五届亚洲艺术节、第四届世界互联网大会、第五十届塞万提斯国际艺术节，曾获中国舞蹈艺术最高荣誉“荷花奖”。此次赴美，团队克服了种种困难，在世界一流舞台上奉

2023 年 9 月，舞剧《花木兰》在波士顿博赫中心王安剧院演出现场

献了高质量的演出。

本次赴美巡演，是继 2022 年 11 月亮相墨西哥以来，《花木兰》再次走出国门。中国驻美国大使、中国驻纽约总领事以及来自美国白宫、国务院和在美国际组织、使团代表、专业人员代表等中外嘉宾们出席了本次巡演活动。

花木兰女扮男装、替父从军的传奇故事在中国流传千年、家喻户晓，也曾被迪士尼拍成动画和电影，登上美国银幕，被千家万户所熟悉。舞剧《花木兰》以刚柔相济的风格，借助中国民族舞蹈语言和现代舞台技术，以“孝”“忠”“勇”“节”“爱”为主线，将这个古老的中国故事叙述得别有新意，再现一段闪耀千年的传奇故事，散发出历久弥新的光彩。故事中花木兰对家人、对国家、对和平的爱，引发观众强烈共鸣，是中美两国人民共通的情感。这也是花木兰文化 IP 走出国门、走向世界的重要基础。

海内外媒体对《花木兰》在美演出盛况重点关注，誉之为中美特殊情形下的“文艺破冰”，并对此次活动进行了大规模的宣传报道。演出前，中国驻美国大使馆、驻纽约总领馆，华盛顿特区旅游局等官方微信公众号热情推介，《世界日报》《星岛日报》《百老汇世界》《华盛顿人报》《波士顿环球报》等媒体进行资讯推送。9月初，在第二十一届华盛顿中国文化节上，《花木兰》被列入重点推荐剧目。演出期间，美联社、美国中文电视、西班牙埃菲社、澳大利亚联合新闻社等全球97家主流媒体报道或转载相关内容，海外传播阅读量高达2656万。新华社、人民网、《环球时报》、《中国日报》、中国新闻网、光明网、央视频等央媒相继发布报道50余篇次，相关阅读量达2000万次。《花木兰》巡演作为东西文明交流互鉴的桥梁，令海内外民众真切感受到中华文化的魅力，掀起了一股来自中国宁波的“木兰”热潮。

《花木兰》舞剧积极助力企业品牌传播。“中华风韵”是中国对外文化集团有限公司打造的高端对外文化交流品牌。此次活动是“中华风韵”在疫

2023年9月，舞剧《花木兰》在华盛顿肯尼迪中心签售现场

情后组派赴美的首个大型演出项目，对于延续和提升品牌效应具有重要意义，为公司业务高质量发展注入了新的活力和动力。

此次活动主要面向美国主流观众，通过中外主流媒体进行传播，在中美关系敏感复杂的形势下，发挥了文化如水、润物无声的独特作用，为促进文明交流互鉴、推动中美关系健康稳定发展贡献了文化力量。整部舞剧没有一字一言，但艺术的魅力跨越国家、跨越民族，唤醒人们心中对家国的大爱，这种情感共鸣具有穿越时空、直抵人心的力量。

正如中国驻美国大使谢锋在活动致辞中所述："舞蹈无国界，艺术连人心。舞剧《花木兰》所呈现的中国文化盛宴，让更多美国民众感受中华文化的独特魅力，同时敞开两国人民相互了解的窗口，搭建东西文明交流互鉴的桥梁，相信将为中美文化交流画上浓墨重彩的一笔。"中国驻美国大使馆在海外媒体上共为本次巡演发声 12 次，并向宁波市委、市政府专门致感谢信。

2023 年 9 月，舞剧《花木兰》在华盛顿肯尼迪中心上演，图为现场观众。

2023 年 9 月，舞剧《花木兰》在华盛顿肯尼迪中心演出圆满成功。

中国驻纽约总领事黄屏对新华社记者表示，这个古老的中国故事体现了花木兰的智慧、勇气和责任感，以及她对家人的爱、对祖国的爱、对和平的热爱。美国人能够从中看到中国人和他们一样都珍视这样的价值观。中美需要更多这样的文化交流，以加强民众之间的了解。

同时，舞剧也回应了时代关切。中美关系是当今世界最重要的双边关系，今天的中美关系，也需要木兰打破桎梏的勇气、敢为人先的果敢、克难前行的智慧。习近平主席曾多次强调，“中美关系希望在人民，基础在民间”，以《花木兰》为代表的人文交流活动为当前面临严峻考验的中美关系注入了积极向好的“正能量”。

《花木兰》舞剧取得了巨大的社会效果。活动赢得各界关注和赞誉，美国新英格兰高教委主席迈克尔·托马斯表示：“舞剧《花木兰》的演出再次提醒我们，文化、历史、艺术具有团聚人心的重要力量。”

背景资料

中国对外文化集团有限公司成立于2004年，是经国务院批准组建的第一家国有对外文化企业集团，集团前身——中演公司和中展中心，分别成立于1957年和1950年。历经70余年的历史积淀以及转企改制20年的发展，集团目前已形成了国际演艺、艺术会展、文化旅游、院线运营四大业务板块。集团的职责和使命是服务国家外交大局、促进中外文化交流和文明互鉴，年均在国内外举办演出、展览及各类文化活动近5000场，全球年度观众总量超过1000万人次。

集团在推动中国文化产品走出去方面，发挥着文化央企的引领示范作用。成功打造了“中华风韵”“欢乐春节”“舞动中国”“感知中国”系列品牌活动，威尼斯双年展中国国家馆等优秀演展品牌，以及国家级知名艺术院团的规模化、系列化大型海外商业巡演——中国国家交响乐团、上海歌剧院交响乐团赴美，上海芭蕾舞团赴欧，等等。以“中华风韵”品牌活动为例，自2009年创立以来，该品牌已先后选派国内30余个艺术团组的40余台精品剧目赴欧美主流剧院演出，累计演出600余场，现场观众达百万人次，间接覆盖人群超过2000万。“中华风韵”坚持“一流剧目，一流剧院，主流媒体，主流观众”的运作理念，连续多年在世界各国知名剧院推出代表中国舞台表演艺术水准的精品剧目，吸引了海外主流媒体的广泛关注，培养了当地主流观众的观演期待，成为推动中华文化“走出去”的主要渠道和战略品牌。

舞剧《花木兰》是“中华风韵”品牌选派的精品表演剧目，此次美国巡演为促进文明交流互鉴、推动中美关系健康稳定发展贡献了文化力量。同时，此次巡演以“花木兰”这一形象巧妙地连接了中美两国人民之间的共识，赢得了美国观众的好感，发挥了文化在公共关系活动中润物无声的效果。

专家点评

公共关系传播与广告传播的最大不同是，公共关系传播是通过做一件事情来得到公众的认可。优秀的国际公关传播还有一个特点就是“卖什么不吆喝什么”，例如“乒乓外交”的小球推动大球。中美两国意识形态和制度不同，美国对中国的制裁使中美关系进入严冬，这时，舞剧《花木兰》像一股春风给中美关系送来温暖。“艺术破冰”巡演的成功得到一片好评。

公共关系要学会借势，尽己之力也要尽他人之力，尽己之智也要尽他人之智。我们曾经感叹中国的功夫、熊猫被美国拍成电影《功夫熊猫》系列大赚其钱，中国的花木兰先后被美国拍成动画片、故事片走向世界。这使我们不得不反思对自己文化资源的开发和利用。而舞剧《花木兰》精彩亮相就成功地“反借势”，利用了美国电影对花木兰故事的铺垫，降低了舞蹈表意模糊性的影响，是成功的公关传播楷模。

“中美关系希望在人民，基础在民间”，“舞蹈无国界，艺术连人心”。舞蹈的直观生动、多维度表达更加立体丰富，舞蹈感染力强，文化承载性高，能在群体中迅速传播信息并增强凝聚力，有利于世界不同民族多角度地认识中国。艺术是向世界讲好中国故事的重要载体，希望有更多的“艺术破冰”节目呈现出来。

（点评专家：李兴国）

李兴国｜专家简介

中共中央党校（国家行政学院）教授，文学（新闻传播）博士。1985年起研究公关，中国最早的公关专业教授，第一个国家级公关精品课主讲。中国公共关系协会第三、四、五届常务副会长。擅长辩证思维、创新思维、系统思维，是集教育、科研、咨询策划于一身的三栖专家。

著编译70余种书籍，其中国家精品课教材《公共关系实用教程》印刷近80次，在同类作品中名列前茅。发表中英论文100余篇。主持国家级省部级课题多项。创办中国公关高级班、师资班。策划CIS及公关形象百余家，策划城市形象十余家。为中南海、外交部、海内外企业、高校演讲千余场。

“十八洞”减贫与发展论坛成新时代湖南国际传播新品牌

走进“精准扶贫”首倡地，见证中国乡村“一越跨千年”。湖南省委宣传部策划组织“‘十八洞’减贫与发展论坛”公共关系活动，广泛组织中外嘉宾交流对话，用好各种发声平台开展对外传播，主动讲好十八洞村脱贫扶贫故事，引发了海内外的广泛关注。这一活动不仅加深了国际社会对十八洞村和中国农村巨变的认知，也为打造“十八洞”国际 IP 奠定了良好基础。

湖南湘西土家族苗族自治州花垣县十八洞村，这个藏在偏僻山谷、一度闭塞落后的苗族村寨，作为“精准扶贫”的首倡之地，如今已成为展示中国脱贫攻坚成就与经验的标志性窗口，其精彩故事传扬中外，与外界交流不断加强。

十年来，“三湘大地”实现“山乡巨变”，全省 682 万农村贫困人口、6920 个贫困村、51 个贫困县在 2020 年前全部脱贫摘帽，脱贫县农村居民人均可支配收入由 2014 年的 6461 元增加到 2022 年的 14714 元。为全面贯彻落实党的二十大精神，湖南省委宣传部于 2023 年 11 月 2 日至 3 日策划组织“‘十八洞’减贫与发展论坛”，这是湖南省以实际行动推进全球减贫事业、促进全球发展的重要举措。

本次论坛以“共享减贫经验，建设和美乡村”为主题，旨在与发展中国

“十八洞”减贫与发展论坛开幕式上，刚果（金）驻华大使巴卢穆埃内致辞。

家及其民众交流分享减贫经验。论坛由湖南省委宣传部、中国外文局、湖南省乡村振兴局主办，包括主论坛和 2 个平行分论坛，以及十八洞村参访、国际青年“凤凰夜话——以文旅之笔描绘乡村振兴画卷”、“走读中国·湖南体验行”专题推荐展等活动，深入探讨巩固拓展脱贫攻坚成果、增强脱贫地区和脱贫群众内生发展动力的方法路径，促进乡村振兴领域交流合作，推动建设宜居宜业和美乡村。本次论坛活动整体筹备更是从坚持高位推动、务实节俭、审慎稳妥等全方面筹划部署，以生动立体地展现“十八洞”减贫发展的新面貌。

在“精准扶贫”重要理念提出十周年之际，“十八洞”减贫与发展论坛在湘西召开，论坛规格之高、嘉宾范围之广、演讲意旨之丰、活动成果之厚，为湘西历年之最。论坛活动通过文字报道、电视新闻、网络媒体等多种传播形式进行传播，引发海内外广泛关注。截至 11 月 9 日，《人民日报》、新华社、中央广播电视总台等中央主流媒体、省内媒体及美联社、彭博社、福克斯电视台等数百家中外媒体对论坛进行宣传报道，为打造“十八洞”国际IP奠定了良好基础。

举办“十八洞”减贫与发展论坛，对于推进全球减贫事业、促进全球发展具有积极意义。“十八洞”减贫与发展论坛收获了众多好评，取得了显著效果。

一是讲述中国脱贫攻坚故事，把十八洞村打造成新时代全球知名的红色地标。十八洞村之变是中国摆脱贫困的生动缩影，为人类减贫事业贡献了中国样本。讲好“十八洞村故事”，有助于国际社会了解真实立体全面的中国。

二是共享减贫经验、建设和美乡村。通过主论坛和“我的乡村我振兴”案例分享，以及十八洞村参访等系列活动，初步形成了湖南对外宣传、国际传播的又一重要窗口和阵地。

三是以行动为导向，收获了高效务实的合作成果。取得了“十八洞村”

“十八洞”减贫与发展论坛主论坛——京东“中国特产·十八洞村馆”全球发布会

参会外宾在论坛配套展览体验湘西非遗之美。

11 月 2 日下午，国际青年们前往凤凰县麻冲乡竹山村，亲身感受文旅融合为乡村振兴带来的变化。

系列外宣图书发布、十八洞村复兴书屋揭牌等一系列成果。十八洞村与老挝听松村缔结“姊妹村”开创了湖南省村一级对外友好交流合作的先例，“中国特产·十八洞村馆”成为全国第一个以村为代表的特产馆。

背景资料

近年来，湖南深入贯彻落实习近平总书记关于加强国际传播能力建设的重要论述，发挥自身特色和优势，积极开展国际传播，推动文化出海，取得了显著成效。实施“芒果出海 2024 行动计划”，做强芒果 TV 国际 APP、建好非洲“金芒果”电视频道，加速全球化布局；推动湖南广电《歌手》《乘风》《中餐厅》《花儿与少年》等优质影视节目“走出去”，搭建好联通中外沟通世界的桥梁；加快《十八洞启航》《袁隆平口述史》等精品图书版权输出海外；推动湖南演艺全球巡演，持续打造国际巡演品牌，进一步讲好中国故事、湖南故事。

本次“十八洞”减贫与发展论坛有来自联合国教科文组织、联合国人口基金等国际组织代表，美国、刚果（金）、乌干达、老挝等近

30 个国家的驻华使节、智库专家出席。论坛期间，十八洞村与老挝琅勃拉邦省琅勃拉邦市听松村签署关于缔结“姊妹村”意向协议，属全国首创；湖南省农业农村厅、中国农业大学、湖南农业大学签署共建科技小院合作框架协议；“十八洞村”系列外宣图书发布、十八洞村复兴书屋揭牌、京东生鲜农场·十八洞猕猴桃直采基地授牌、全球发布“中国特产·十八洞馆”。700 余家中外媒体对论坛进行报道，推出报道近千篇，全网点击量超 6.7 亿次，在海内外产生了广泛影响。

十八洞村作为“精准扶贫”首倡地，是展示习近平总书记思想伟力、人民情怀和务实作风的重要窗口，是中国共产党带领人民取得脱贫攻坚伟大胜利的成功典范，更是中华民族消除绝对贫困、迈向共同富裕的时代标杆。此次论坛的举办，通过搭建交流平台，推动知识分享、互学互鉴，为全球减贫和发展事业提供了更多、更有效的思想理念和智力支持。

专家点评

中国的脱贫攻坚，创造了世界减贫史上的奇迹。而湖南十八洞村作为“精准扶贫”的首倡之地，既是展示中国脱贫攻坚成就与经验的窗口，也是贡献给人类减贫事业的中国样本。在精准扶贫重要理念提出十周年之际，湖南省委宣传部策划组织了“十八洞”减贫与发展论坛，通过主论坛、平行分论坛、参访、国际青年凤凰夜话、专题推荐展等丰富多彩的活动，讲好中国脱贫扶贫故事，展现中国农村“一跃跨千年”的乡村巨变，展示中国精准扶贫成果，与发展中国家交流分享中国扶贫减贫经验，以实际行动推进全球减贫事业发展。同时，用好各种媒体渠道和发声平台开展对外传播，成功打造十八洞村全球知名红色地标的国际 IP，也有助于国际社会从十八洞村这一中国摆脱贫困的生动缩影，了解一个更加真实生动、立体全面的中国。“十八洞”减贫与发展论坛收获了众多好评，取得了显著效果。

（点评专家：安峰山）

安峰山 | 专家简介

中国传媒大学媒介与公共事务研究院副院长，中国公共关系协会常务理事，国际与港澳台交流合作委员会执行主任。

毕业于北京大学国际政治系，获法学学士和法学硕士学位。长期从事对台工作，曾任中央台办、国台办新闻局副局长，2015 至 2019 年担任中央台办、国台办新闻发言人。2019 至 2022 年担任新希望集团首席品牌官兼党委副书记，曾荣获“2020 中国十大首席品牌官”称号。

长期从事舆论宣传与新闻发布工作，熟练掌握媒体传播、舆情应对和危机公关，具有扎实的理论功底和较高的政策水平，具有政、产、学、研多领域的丰富实践经验。

广元女儿节擦亮城市名片

四川广元女儿节作为中国地方传统节日，是展现女性风采、传承历史情怀的重要载体。广元市人民政府开展了一系列丰富多彩的公关活动，大力提升城市品牌知名度、美誉度，让节日传承“亮起来”，让民族文化“动起来”，让城市活动“火起来”，实现以公共关系助力地方传统节日名片走向世界的创新传播实践，为未来城市节庆公关活动提供有力借鉴。

广元市位于四川省北部，多年来，广元市大力传承中华优秀传统文化，以举办女儿节为契机，推动女儿节成为传承历史文化、彰显独特地域特色、弘扬时代精神、促进开放合作的重要平台。为进一步把“广元女儿节”打造成为全民皆知、全民参与的“广元城市品牌名片”，广元市人民政府通过招投标方式引入品牌联盟（北京）咨询股份公司，策划组织并完成了“2023 中国（广元）女儿节女性经济产业交流会”的公关系列活动。

2023 年第十届女儿节以“来蜀道广元，为美丽加冕”为主题，旨在弘扬传统文化、讴歌时代精神、展示女性风采，打响“广·纳天下客，元·梦新蜀道”的城市口号，通过办好女儿节，凝聚“她”力量，助推建设大蜀道国际文化旅游目的地和康养度假胜地。

此次活动主要针对广元市民、游客、投资者，打造了精彩的开幕式表演、

2023 广元女儿节开幕式（刘仁 摄）

赛凤舟、游彩船、武则天模仿大赛等传统风俗节目，同时召开女性经济产业交流会，展开深度交流，共谋广元女性经济产业发展未来。此外，还有“四天三夜”女性免门票游广元景区、昭化相亲大会、猿猱道求婚、女子半程马拉松、嘉陵江畔放荷灯、环湖荧光夜跑、“曌动广元”夜间群众文化活动，以及无人机灯光秀等 30 余个项目的系列活动。活动共历时 20 余天，充分增加群众的互动感、参与感、幸福感。

9 月 1 日，以“荟聚女皇故里，绽放女性魅力”为主题的 2023 中国（广元）女儿节女性经济产业交流会在广元大剧院举行。市内外企业家、知名文化学者、广元各界优秀女性代表等 500 余人汇聚一堂，10 位嘉宾围绕女性经济产业进行深度交流，致力于弘扬新时代女性精神，展现新时代女性魅力，共谋广元女性经济产业发展未来。

围绕本次系列活动，广元市文广旅局微信公众号 8 月 26 日发布《2023

中国（广元）女儿节，女性游客“四天三夜”免票游广元啦！》推文，单日浏览量突破 20 万，收获评论 200 余条、点赞超过 1000 个，引起热烈反响。活动开幕式当晚，20 多万人参与夜游和观看表演；8 月 31 日至 9 月 3 日，24 个旅游景区（全市 22 个国家 4A 级及以上旅游景区与药博园、栖凤峡 2 个国家 3A 级旅游景区）共接待游客 27.83 万人次，实现门票收入 74.84 万元。免门票的女性游客共计 11.23 万人次，其中市外女性游客 2.31 万人次，市内女性游客 8.92 万人次；“中国历史上唯一女皇帝武则天的祀庙”——皇泽寺，女性游客人数最多，达 3.92 万人次，其次为剑门关、红军城、千佛崖等旅游景区。全市接待游客 109 万人次，星级酒店、宾馆入住率达 100%；共运输客流 49.37 万人次，同比增长 196.52%，盘龙机场旅客吞吐量创历史新高。

本次活动累计刊发（播）新闻稿件 1700 余篇（条），海外媒体报道潜在触达读者总量超 2 亿人次。微博、抖音话题累计参与人次突破 2 亿，今日头条、哔哩哔哩、快手等平台网友热议评论超过 500 万条，网络正向评价不断。

2023 广元女儿节活动——赛凤舟（刘仁 摄）

2023 广元女儿节活动——女子半程马拉松（刘仁 摄）

本次活动的突出特点和良好效果主要有：

一、丰富多彩的公关活动、显著的传播效果，让 2023 年广元女儿节在文旅行业快速出圈，美誉度和知名度广泛提升，开启了广元发展新篇章。

二、彰显创新性。本届女儿节立足城市品牌发展高度，从顶层设计上进行重塑，确立了三个“新”：全新主题——“来蜀道广元 为美丽加冕”，全新办节目标——打造“中国名节，世界级 IP”，全新城市口号——“广·纳天下客，元·梦新蜀道”。三个“新”为点亮广元城市品牌名片奠定了良好基础。

三、温暖的烟火气。活动分“腾蛟起凤”“百鸟朝凤”“有凤来仪”“龙腾凤集”4 个阶段举行，在深挖当地文化内涵基础上，推出了 30 余项接地气、有特色的活动，让群众和游客的体验感、参与感和幸福感满格，实现人气爆棚。

四、独特的“她经济”。精心推出“女儿节 + 旅游”“女儿节 + 茶业”“女儿节 + 招商”“女儿节 + 展销”“女儿节 + 论坛”活动，顺应“她经济”崛起大趋势，全方位推动广元美丽产业提质升级。

2023 广元女儿节活动——游彩船（刘仁 摄）

背景资料

广元市地处四川省北部，毗邻陕甘，素有“川北门户、蜀道咽喉”之称，7000 年前就创造了中子铺细石器文化，有 2300 多年建城史，是巴蜀文明的重要发祥地之一，是先秦古栈道文化和蜀道文化、三国历史文化的核心走廊，是中国历史上唯一女皇帝武则天的出生地，还是川陕苏区的核心区域和后期首府、红四方面军长征出发地。

广元市历史文化遗产分布广泛、类型多样，文旅资源种类齐全、类型丰富、特色鲜明、亮点纷呈，是四川省文旅资源富集度较高的市州。

“十四五”以来，全市上下深入学习贯彻习近平总书记关于文化旅游工作的重要论述，全面贯彻落实党中央和省委决策部署，大力实施“1345”发展战略，聚焦建设大蜀道国际文化旅游目的地和康养度假胜地目标，夯基础、提功能、强品质、优服务，全市文旅产业提质增效、全域旅游魅力彰显、品牌打造佳作迭出、文旅消费不断提振，绘就了广元文旅融合高质量发展新画卷。

专家点评

广元女儿节是四川广元的传统节日，当地一直努力借这一节庆活动振兴经济、兴旺旅游，到 2023 年已经办了十届。顾名思义，在“女儿节”中女性话题是主角，于是还有了“她经济”这样的新颖表述。

近年来，借节庆文化做经济文章，各地都有动作，虽说一时间效果差强人意，不过往往是做了几届就渐渐少了新意，吸引力趋弱。广元女儿节经久不衰，原因非止一端，而在公关实践中善于把弘扬优秀传统文化和发展现实文化有机统一起来，紧密结合起来，在继承中发展，在发展中继承，是十分显著的特色。我们常说要讲好中国故事，在广元女儿节故事的讲述过程中，首次突出了中国妇女自立自强的精神，这就使故事有了中国话语特色和中国叙事体系，把我们想讲的和国外受众想听的结合起来了。习近平文化思想对如何促进文明交流互鉴进行了深刻论述，广元女儿节的公关活动，是对习近平文化思想学思用贯通的重要实践，为丰富当今公关理论提供了生动的实证资料，值得总结完善。

（点评专家：顾勇华）

顾勇华｜专家简介

1982年毕业于中国社会科学院研究生院新闻系（法学硕士），大学执教十年，任人民日报社记者、编辑十年，人民日报高级编辑。2006年起先后担任中华全国新闻工作者协会第七届、第八届党组成员、书记处书记，中国政研会第九届常务理事，中国社会科学院重点学科马克思主义新闻学特聘研究员，“改革开放与公共关系40年”影响力公共关系人物，教育部全国校外教育培训监管专家委员会委员，受聘全国干部媒介素养培训基地及多所大学兼职教授，中国传媒大学媒介与公共事务研究院马克思主义新闻传播创新实践研究首席专家。2018—2020年担任原国务院扶贫办脱贫攻坚奖报告团专家组成员。

主要研究方向为马恩列新闻思想中国化时代化大众化研究，习近平新闻舆论工作论述和“六个思想”源流与发展研究，舆论引导、引领的时度效研究，媒体融合中的互联网传播及融媒改革研究，等等。学术特色：致力于新闻舆论学界与业界的互联互通研究。

受聘为中国传媒大学资深实践教授，专向指导全国县级新任宣传部长、党政机关和大型国企等培训中的重大突发事件新闻发布与舆情回应。

02

形式创新
温度表达

企业国内篇

中核集团联动《流浪地球 2》展示“科技硬实力 + 科幻软实力”

中核集团联动电影《流浪地球 2》，借助电影中行星发动机与中核集团核聚变实验装置的视觉相似性，别出心裁策划“你们尽管想象，我们负责实现”主题海报。“中国式表达”走心又提气，引发广泛共鸣。“科技硬实力”碰撞“科幻软实力”，联动国资央企，带动社会参与，实现现象级传播。这侧面揭示了科幻电影背后是国家科技实力和综合实力的提升，增强了广大网民对实现高质量发展乃至中华民族伟大复兴的信心，成功实现正向价值导向引领。巧借科幻电影，提振中国科技创新信心和底气，可谓“一语双公关”。

“你们尽管想象，我们负责实现”主题海报

2023 年春节档，电影《流浪地球 2》热映。1 月 30 日，中核集团联动电影官方，策划主题海报，得到电影出品方中影集团和主创团队的热烈回应，带动 50 余家国资央企参与话题互动，政务大 V 账号全程助力，引发社会媒体广泛报道，仅微博话题触达人次就超 11 亿、互动网友超 10 万。中国式现代化的底气和内核，带来了现象级传播效果。活动得到了广大媒体的积极报道，相关话题在各平台均成为热点，评论区氛围正面积极。微博相关话题 17 个，多个话题阅读量上亿，6 个话题登上热搜；抖音播放量 1196.4 万次；知乎浏览量 605 万次；中核集团官微文章点击量超过 10 万。

此次传播也完成了中核传播中心形象的两次“升级”：话题发酵后联合国资小新，将传播中心的影响力由中核集团延伸至国资央企层面；联合主流媒体，借助其强大的粉丝基础和社会影响力，将传播中心的影响力扩大至全社会层面。中核集团和众多国资央企联动科幻电影，集中体现了我国科技实力，也是国资央企服务国家、服务人民乃至造福人类的社会责任体现。本次宣传活动揭示了科幻电影背后是国家科技实力和综合实力的提升这一事实，增强了广大网民对实现高质量发展乃至中华民族伟大复兴的信心，成功实现了价值导向的引领，有力塑造、强化了包括中核集团在内的国资央企品牌形象，为企业乃至行业发展营造了良好舆论氛围，以充沛的网络正能量有力助推高质量发展。此次活动获得了广大网友对“大国重器”和科技创新“国家队”实力的认可，增强了民族自信心和凝聚力。

《流浪地球 2》导演回应

中核集团以科幻为抓手，实现跨界联动。《流浪地球 2》热映后，中核集团策划主题海报，“你们尽

2023 年 2 月 10 日，中核集团联动中影集团举办主题观影活动。

管想象，我们负责实现”Slogan 让受众产生了代入感和互动热情。微博发布仅十余分钟，“流浪地球”系列导演郭帆、流浪地球官方微博就转发并回应。随即，微博话题登上热搜。2 月 9 日，中核集团科学家参与经济参考报微博直播“中国科幻对话中国制造”，仅微博平台就有 1165 万观众实时在线观看。2 月 10 日，中核集团联动中影集团举办“核力逐梦·让科幻照进现实”主题观影活动，引发新一轮传播热潮。《工人日报》在有关此次活动的报道中提到，当科幻照进现实，中核集团《流浪地球 2》主题观影活动不仅是中国科幻与中国科技又一次跨界互动，更以双方共同对未来科技的美好向往，续写下中国式工业科技的浪漫情怀。2 月 13 日，中核集团工程师参加“知聊八点半”知乎聊天室，与电影主创人员畅聊中国科幻电影与中国科技发展，观看人数超 8 万，互动热烈，在知乎平台又一次掀起传播高峰。中影集团董事长傅若清表示，一句“你们尽管想象，我们负责实现”点燃的不仅是电影人的澎湃热血，更坚定了中国科幻电影向前的步伐。中核集团与《流浪地球 2》的联动出圈，是中国科幻与中国科技最硬核的梦幻联动，是文化强国与科技强国伟大理想的“双向奔赴”。导演郭帆、主演李雪健等在多个公开场合表达感谢与感动，郭帆表示，以中国核工业为代表的国家科技实力是中国科幻电影发展的最大底气。

中核集团做优做强全媒体矩阵，融入网络正能量传播“国家队”。中核集团以自有媒体矩阵为基础，融入大宣传格局。中核集团联合微博平台、国资小新等政务大 V，带动中国航天科技、中国石油、中国石化等 50 余家国资央企互动展示中国制造硬核科技，在微博掀起舆论浪潮，蔓延至新媒体全平台。随后《人民日报》、新华社、央视新闻、共青团中央等主流媒体纷纷上场，超 10 万网友参与话题互动，“泪目”“热血沸腾”“硬核实力不容置疑”等均为高赞评论，形成了现象级传播热潮。2 月 9 日，在新华社《经济参考报》直播间，电影《流浪地球 2》主创团队与来自中核集团、航天科技、中国石化的科学家及徐工集团《流浪地球 2》项目负责人畅聊中国科幻与硬核科技的“双向奔赴”，科学家们介绍电影《流浪地球 2》中许多硬核科技都是以真实科技为创作蓝本，其中很多想象也的的确确是中国科技努力的方向，“你们尽管想象，我们负责实现”不仅仅是一句

以中核集团为首开始接力发布，包括中国航天科技、中国石油、中国石化、航天科工等央企纷纷上场展示中国制造硬核科技，在抖音掀起舆论浪潮。

响亮的口号！

人性化表达提升网民参与度，引领价值传播。不论是文案的火爆，还是由此引发的“央企朋友圈评论”，或是联动中影集团的线下观影活动，中核集团精准把握公共关系各方心理，不断挖掘延伸企业宣传创新路径，以人性化表达展现科技创新“国家队”的自信。电影主创之一的李雪健老师在谈到不断进步的中国科技时表示：“作为见证中国改革开放以来翻天覆地变化的文艺工作者，中国科技的进步不仅给电影拍摄带来了保障，也不断地提升我们生活的便利性。中国电影感谢中国科技，期待你们再攀科技高峰。”

背景资料

中国核工业集团有限公司是中央直接管理的特大型国有重要骨干企业，是国家核科技工业主体，是推进核能开发利用、核工程建设、核技术应用的国家队和主力军，拥有完整的核科技工业体系，肩负着推动国防建设和经济社会发展的双重使命。

在开展公共关系工作的过程中，中核集团主要积累了以下经验。

紧跟国家发展所需。切实落实党中央的要求，坚定不移地坚持正确的政治方向，始终与党中央保持高度一致。围绕科技创新这一关键领域以及大国重器等重要方面，深入挖掘，精准发掘公关创意点，充分发挥价值传播载体的作用，为国家和集团的发展贡献力量。

紧盯受众关切热点。将群众路线全方位、深层次地贯彻到宣传文化工作的每一个环节，想群众之所想。将“我想表达的”和“受众想听的”进行有机融合与紧密结合，以精准的方式搭建起沟通的桥梁，精心谋篇布局合适的沟通体系，从而更好地满足受众需求，增强宣传文化工作的实效性和影响力。

紧随传播技术热潮。始终牢记“群众在哪里，宣传就到哪里”这一重要理念，精准选择符合时代发展和受众需求的宣传载体。主动适应传播格局新变化、传媒技术新发展，进一步梳理完善集团公司自有媒体平台的职责与定位，形成体系完善、分工明确、系统协调的全媒体传播矩阵，整体联动，同步发声，通力配合，形成合力，打造集团公司最强声源。

“中核集团联动《流浪地球 2》”案例的成功，是党领导下宣传文化工作体制机制创新的结果，是文化自信的表现，是中核集团公共关系的成功实践，也是天时地利人和共同作用的结果：大国崛起带来的文化自信，造就了硬核科幻；社会热点的及时巧妙捕捉，带来了流量红利；大国重器奠定的创新实力，体现着中国精神。

通过持续的学习研究和不断的探索实践，中核集团成功探索出新媒体时代的品牌突围、出圈之道，凭借新媒体平台以及短视频在网民群体中的“高流量、高影响力、高互动”优势，充分发挥公共关系在高质量发展中的重要作用，实现了舆论引导能力的明显提高，以及社会影响力、品牌知名度的显著提升。

专家点评

这次中核集团与《流浪地球 2》的联动案例，无疑是一次成功的公关策划，充分展示了“科技硬实力 + 科幻软实力”的完美结合。

创新策划，引发共鸣。中核集团巧妙地借助电影热度，策划出“你们尽管想象，我们负责实现”的主题海报，成功引发了广大网友的共鸣。

深度互动，广泛传播。通过与电影官方、主创团队、政务大 V 以及主流媒体的深入互动，中核集团成功将传播范围从单一企业扩展至全社会层面，形成了现象级的传播效果。

展示实力，增强信心。中核集团充分展示了自身科技实力，让公众看到了中国科技创新的硬核实力，增强了广大网民对实现高质量发展乃至中华民族伟大复兴的信心，实现了正向价值导向引领。

人性化表达，提升参与度。中核集团采用了人性化的表达方式。无论是线上互动还是线下观影活动，都充分考虑了公众的需求和感受，让公众在参与中感受到企业的温度和诚意。

全媒体矩阵，提升影响力。中核集团充分利用自身的媒体矩阵和社交媒体平台，结合主流媒体的力量，形成了强大的传播合力。

社会责任，彰显担当。通过这次活动，中核集团不仅展示了自身的科技实力，也体现了国资央企服务国家、服务人民乃至造福人类的社会责任。这让公众对中核集团的品牌形象产生了更高的认同感和信任感。

（点评专家：吕大鹏）

汇集多方之力 中国平安开拓高质量科普新路径

百余师生参观名企，领略前沿科技魅力。中国平安整合社会资源，创新体验方式，发起“科技燃梦·科技型企业开放日”系列活动，为 800 余名城乡青少年带来难忘的“科普之行”，在线科普课程全网播放量超 1692.5 万次。“科技燃梦”系列活动凝结了两院院士、青年科学家、科普专家等社会之力，助推了科普事业提效能、树新风，为企业科普活动创新了运行模式，是企业公共关系服务高质量发展的鲜活案例。

“科技燃梦·科技型企业开放日”系列活动是中国平安联合中国下一代教育基金会、科技日报社共同发起的青少年科技素养提升计划中的主要部分，通过“线下沉浸式参访 + 线上科普课程直播”的形式，带领城乡青少年与社会公众走进我国各领域科技企业，深入了解现代化科技企业的创新成果。

2023 年年初，喜爱科学的青少年们走进中国移动通信集团福建有限公司实训基地，与通信专家一起了解 5G、大数据、云计算等，感受现代通信技术带来的智慧生活。2 月 11 日，孩子们走进了人工智能产业“国家队”科大讯飞，在智能产品参观体验和科普讲座中了解人工智能技术，体验科技魅力。5 月 13 日，他们又走进航利科技集团的彭州航空发动机科普基地，通过沉浸式参访感受航空科技发展历程背后的科技力量，激发起对于航空科

“科技燃梦·科技型企业开放日”系列活动中，青少年们走进科大讯飞。

学的兴趣。7 月 15 日，青少年们走进比亚迪全球总部和平安金融中心大厦，探索新能源汽车的发展历史和前沿科技奥秘，站在华南第一高楼上 360°俯瞰深圳，体验大国建筑工匠的魅力，感受科技给美好生活带来的便利和变革。活动开展近一年来，中国平安已携手科大讯飞、中国移动、比亚迪、宇通客车等近 20 家领军科技企业，共同探索出了一套面向全社会的企业科普运行创新模式，为 800 余名城乡青少年带来了难忘的“科普之行”。截至 2023 年 11 月，活动相关稿件报道共计 173 篇，全网课程直播观看量超 1692.5 万次，“科技燃梦企动未来”微博话题阅读量超 6122.2 万次，话题曝光量超 1.58 亿次，扩大了活动的影响力和知名度。

活动得到了主流媒体、地方媒体、新媒体的广泛报道和传播。人民网在关于“科技燃梦·科技型企业开放日”系列活动的报道中提到，该系列活动通过组织青少年实地参观科技型企业，让他们亲身感受科技的魅力和力量，从而培养他们的科学素养和创新精神。这种寓教于乐的方式，不仅让青少年们在实践中学习到了科学知识，还激发了他们对科学探索的兴趣和好奇心。《科技日报》在相关报道中提到，中国平安的“科技燃梦·科技型企业开放日”系列活动，不仅有助于提升青少年的科技素养，更是在他们心中播下了科学的种子，为培养未来的科技人才奠定了基础。

在策划及实施科普活动的过程中，中国平安提出了“四个服务”宗旨：一是服务科技强国战略，弘扬科学家精神；二是服务青少年发展，联动社会化科普力量；三是服务企业品牌，积极传播我国科技企业的产研成果；四是服务平安发展，塑造平安企业社会责任形象。“四个服务”为社会科普工作提效能、树新风，也为平安企业高质量发展聚合力、增活力、强动力。系列科普活动在创新社会高质量科普内容供给、向社会普及前沿科技成果、弥合公众科技信息鸿沟等方面都进行了有益探索，为国家科技企业创新成果资源向科普行业转化凝聚了社会之力。

在活动中，中国平安充分利用资源优势，以公益科普为中心，汇聚多元社会力量，参与公益慈善事业，发挥了企业的社会责任，良好地利用了公共关系中的资源整合方法。

此系列活动注重线上线下融合，践行公共关系中多元传播策略。中国平安将“企业科普”与“科教公益”相结合，通过线下活动＋线上传播的形式，营造出浓厚的科学教育氛围。在这一过程中，中国平安通过开展线下科普活动、策划线上科普课程直播、发布新闻报道稿件、打造微博传播话题等丰富的传播形式，扩大了社会影响力。这充分体现了公共关系中的多元化传播策略与内容的特点。

中国平安搭建沟通桥梁，主动与公众建立联系，促进科技传播与公众互动。该系列活动在帮助科技型企业向公众传播科技成果的同时，也为带领青少年走进科技企业学习体验创造了机会。

活动双向互动的形式，不仅加深了公众对科技企业的认识，也帮助企业更加精准地把握公众需求，获得公众的反馈。这体现了公共关系中的双向交流和互动性的特点。

活动的成功，展示了中国平安的综合实力和社会责任担当，树立了良好的企业品牌形象。为企业的主营业务板块注入了新的活力，增强了中国平安与各领域科技企业的合作拓展力度，同时提高了企业员工和客户的参与度与满意度，提升了企业凝聚力。

活动增进了青少年对科技企业的认识，激发了他们对科技的兴趣和热情，有利于国家培养更多科技人才。同时也推动了社会公益事业的发展，拉近了企业与公众的距离，赢得了公众对企业的信任和支持，助推了社会和谐发展。

背景资料

中国平安保险（集团）股份有限公司于 1988 年诞生于深圳蛇口，是中国第一家股份制保险企业，在各级政府及监管部门、广大客户和社会各界的支持下，中国平安成长为国内金融牌照最齐全、业务范围最广泛的综合金融集团之一。

平安集团旗下专业公司主要包括以保险、银行、资管为代表的综合金融业务和以平安健康、北大国际医院为代表的医疗健康业务，涵盖金融、医疗、养老的各个领域。中国平安致力于成为国际领先的综合金融、医疗养老服务提供商。

中国平安秉承“专业创造价值”的文化理念，在为股东、员工、客户创造价值的同时，也积极履行企业的社会责任，追求与各利益相关方的合作双赢，共同进步，在重大灾难救助以及环境保护、教育慈善、红十字公益及社群服务等公益事业中持续投入，深耕发展。

专家点评

青少年是国家的未来，培养他们对科学技术的兴趣，也是在培养国家未来的创新力。中国平安通过整合社会资源和创新体验方式，成功激发了青少年对科技的热情，在他们心中种下了科学的种子。

活动精准把握了科普教育的核心需求，通过与中国移动、科大讯飞、比亚迪等领军科技企业的合作，为青少年提供了亲身感受前沿科技魅力的机会。通过实地体验 5G、大数据、云计算和人工智能等现代科技，青少年不仅开阔了眼界，更培养了科学素养和创新精神。

在传播策略上，中国平安充分结合了线上和线下的优势。线下的沉浸式参访活动让青少年身临其境，而线上科普课程和直播则扩大了活动的覆盖面。这种多维联动的形式，打破了传统科普活动的空间限制，在互动性和参与性上取得突破，营造出浓厚的科学教育氛围。中国平安注重社会资源的整合与协同，凝聚了两院院士、青年科学家等多方力量，共同推动科普事业的发展。通过与中国下一代教育基金会和科技日报社的合作，中国平安不仅提升了科普活动的质量和影响力，也为其他企业提供了优秀的范例。中国平安的“科技燃梦·科技型企业开放日”活动，通过精准的洞察和创新的策略，成功开拓了高质量科普的新路径，同时也是一次成功的企业社会责任实践。

（点评专家：孔晶）

孔晶 | 专家简介

蓝色光标集团党委书记、副总裁，曾先后负责过集团公共事务、企业社会责任、品牌宣传、行政、法务、证券等工作。曾先后担任中国驻纽约总领事馆文化组二秘、一秘、参赞等职；任北京 2008 年奥运会组委会国际联络部外事协调小组秘书处、礼宾处处长等职。多年从事中美文化交流、美国文化产业研究及外事外交工作。

腾讯"云认养"推动数字"三农"高质量发展

从重庆"何家岩云稻米"认养到江西赣州"寻乌百香果云认养"，2022 年以来，云上认养农产品正在成为新时尚。腾讯"云认养"产品自上线以来，以独特的品牌"认养"模式快速出圈，不仅增强了用户与农产品间的情感连接，实现传播裂变，也提升了农产品的品牌知名度与销售转化率，累计为村集体增收数百万元。"云认养"小程序社交裂变的传播创举，是腾讯 SSV 在公共关系战略指引下的成功实践，也是企业公关服务乡村高质量发展的鲜活案例。

云认养，是近年在互联网上兴起的新型种养模式。农户将可认养产品上架平台，用户自主选择禽畜、水产、果树等农产品认养。

"为村共富农场"云认养产品是腾讯 SSV（腾讯可持续社会价值事业部）为村发展实验室共富乡村项目组开发的品销合一的农产品数字化工具。产品支持 toC（面向个人）和 toB（面向企业）两种模式，toC 模式可以为用户提供充满趣味的认养体验，包括认养地图、认养日记、认养日历、赠送好友或认养红包、认养圈等功能，还可以向用户赠送生日祝福，在七夕节、教师节等节日送出特色祝福，受到用户喜爱。toB 模式则支持认养卡、大客户品牌展示等功能。

2022 年，腾讯与重庆酉阳何家岩村首次发起"成为一平米农场主"云

"何家岩云稻米"认养活动，项目两期认养活动实现销售总额超 65 万元，接近何家岩集体经济 2021 年全年贡米总收入。智慧认养的方式明显助力何家岩村稻米种植户提前实现稻田资源收益变现转化。

认养计划，全国 34 个省及地区、近万名用户通过互联网认养了稻米，为村集体提升收入 60 余万元，提高了何家岩的村庄品牌知名度，获评"2022 年重庆数字乡村十佳优秀案例"等荣誉。

2023 年，继"何家岩云稻米"智慧认养项目之后，腾讯上线了更多"云认养"项目。"何家岩云稻米"一期项目上线的 3.8 万平方米稻田被订购一空。6 月 10 日，二期项目上线后，2.8 万平方米稻田也很快售完。"何家岩云稻米"认养活动结束后，许多认养用户来到村上，去看属于他们的稻田。

云认养计划得到了多家主流新闻媒体的广泛报道和高度评价，其中，《人民日报》以《聚焦酉阳：数字化赋能乡村产业》为题进行了报道："云端"之上，全国各地的网民通过手机观看直播，"云游"梯田美景、体验农耕乐趣。何家岩村于 2022 年首次推出稻米认养计划，将 100 亩稻田置于"云端"，

2023年12月24日，何家岩村举行了分红大会，109户村民共领取了当年“云稻米”销售分红58万余元。

吸引了9000多名网民认养，助力52户种植户大幅增收，通过农文旅融合发展，全村近三分之一的村民吃上了“旅游饭”。《央视财经评论》栏目的新闻也报道了《重庆酉阳：种地新花样 稻田上了“云”》，以酉阳何家岩村为小切口，对以“三新农”理念激活新质生产力、释放发展大动能进行了解读。央视《记住乡愁》乡村振兴系列节目走进武陵山深处的何家岩村，介绍稻米如何上云端，小山村如何链接起大世界。

得益于这次活动，何家岩村一年共接待游客近6万人次，这让何家岩村实现旅游综合收入800万余元，村集体收入近480万元。腾讯与江西寻乌的三二五村“寻乌百香果云认养”，在3个月的认养周期内，不仅使百香果卖到了国内28个省份，村集体收入28.8万元，还令三二五村的品牌知名度得到大幅提升，微信指数提升了14471%。腾讯与云南西双版纳蛮砖村“普洱茶云认养”，不仅仅希求为西双版纳的茶农们找到销路，也希望让更多青年找回自己那份对村庄的记忆，体会到不一样的人生价值。因为有情感共鸣，这株认养的茶，就不只有杯中的茶香，更是蕴含着记忆的味道。腾讯“我在广西龙胜有个园”云认养计划，由广西龙胜县马海村、龙脊村、中六村、平岭村、金江村、平野村六村联合打造，计划上线两天，认购就达到了 14800 多份，订单总金额超过了 125 万元。据统计，该计划累计为各个村集体提升收入数百万元。

创新农产品数字化工具，提升农产品公共影响力。消费者可以通过互联网平台选择认养的农田或农产品，了解农田的情况、农产品的生长过程，并享受到优质、安全的农产品。与此同时，认养还能增强用户与农产品的情感连接，通过互联网实现传播裂变，从而提升农产品的品牌知名度与销售转化率。“云认养”作为助力乡村经营的创新数字化工具，是腾讯探索内生型乡村经营系统性解决方案的重要内容之一。

搭建农产品透明化桥梁，提升农产品用户满意度。“云认养”服务贯穿

江西赣州寻乌县三二五村是当年毛主席写下“没有调查，没有发言权”著名论断的红色村庄，在当地政府主导下，“寻乌不寻常——认养寻乌百香果，成为红色守护人”云认养活动发起。

“我在广西龙胜有个园”云认养计划，成功将罗汉果、大米、茶叶等 8 款特色农产品推向云端。

农产品的整个生命周期，从营销策划到发货，均通过“云认养”平台进行连接，具有信息化、定制化、可追溯等特点。认养期间，用户可以通过图文、视频直播等方式，实时了解农产品的长势，提升对农产品的信任度，并通过微信客服与乡村 CEO（运营人才）取得联系，解决运营难的问题。

构建数据智能产品体系，助力乡村科学决策。“云认养”产品整体划分为“云认养”小程序、“云认养”小程序管理后台、BI 数据看板三个部分，面向用户提供“云认养”服务，同时为乡村 CEO 提供管理后端及数据看板，为运营决策提供参考。

从一个小程序认养一种“土特产”，到一个小程序认养乡村多个“土特产”；从助力“土特产”走出去，到吸引客流走进来；从助力一个乡村 CEO、一个村庄的发展，到助力乡村 CEO 抱团发展、带动更多村庄发展；从单纯提升农产品的品牌知名度，到提升村庄品牌知名度。“云认养”赋能乡村 CEO 更好经营乡村，助力乡村可持续发展。

“我在广西龙胜有个园”暨南山区乡村振兴农特产品消费帮扶展销活动现场，“龙腾三兄弟”展销龙胜农特产品。

背景资料

2021 年，腾讯以可持续发展理念为内核，提出了可持续社会价值创新战略，把它作为践行公司科技向善使命愿景的重要抓手。扎根消费互联网、拥抱产业互联网、推动可持续社会价值创新这三大战略，共同构成了公司发展的底座，构成了腾讯发展的蓝图。为此，腾讯还成立了 SSV，设立了关于数字公益、乡村发展、基础研究、公共健康、社会应急、养老与教育、碳中和等可持续发展议题的多个实验室，启动了一千亿的资金资助计划。

腾讯在助力乡村可持续社会价值创新中，更注重发挥自身数字技术和可持续发展的能力，助力推动乡村内生发展、可持续发展。腾讯 SSV 为村发展实验室推出“为村共富乡村”项目，以“确保农民成为自己资源和劳动的受益主体”为核心目标，以政府主导、农民主体、社会共创、腾讯助力为工作模式，以发挥腾讯数字技术和商业运营能力优势为基础，以乡村经营性人才培养和数字化服务为抓手，在搭建农民获益的共富机制、培养本地乡村经营性人才、应用村庄数字化经营工具三个模块上系统化推进，探索可持续共富乡村建设模式。“云认养”工具正是在此背景下应运而生的。

“这是我们依托互联网产品和技术优势来进行的一场助农实践。”“云认养”工具发起人之一、腾讯 SSV 品牌管理中心项目经理黄暄介绍，“云稻米”项目实质是一个数字解决方案，将农耕生产过程转化成为数字场景中的标准服务，既帮助普通农户实现线上认养农业，也为远离土地的认养用户提供更多亲近农耕的云体验——通过线上认养+用户运营，“何家岩云稻米”可以建立起农户与消费者共担风险、共享收益的合作模式；在乡村和城市之间、田间和餐桌之间，云认养的模式也缩短了大家物理和心理上的距离。

腾讯 SSV 副总裁、为村发展实验室负责人肖黎明提到：“工具是给人用的，发挥腾讯的数字技术能力，让乡村 CEO 在经营乡村中，在盘活乡土特有资源，在守护、传承、发展乡村特有功能中，有具体的数字工具抓手，可以更得心应手，这是腾讯探索内生型乡村经营系统性解决方案的重要内容之一。”

专家点评

民以食为天。务农重本，国之大纲。但是从 20 世纪 50 年代的剪刀差到改革开放后的“三农”问题，农村的发展一直落后于科技和工业的发展。中国幅员辽阔，农业人口众多，怎样让他们跟上现代化的步伐、实现自我价值、共享改革成果是保证国家稳定和发展的重大战略问题。腾讯通过“云认养”推动数字“三农”高质量发展，做出了非常有益的探索，在中国具有里程碑的意义。

20 世纪 80 年代，中国公共关系协会请来了日本“公关之父”加固三郎介绍日本的农业公关“一村一品”和“认养一头牛的牧场”，开阔了我们的思路。后来中国有一些企业家在著名的寺庙圣地认养古木和种树，主要是为了提高自己的知名度，这属于锦上添花，小众行为。这一次腾讯“云认养”是利用新质生产力的高科技云平台来解决“三农”发展的问题，是雪中送炭，是大众行为，值得点赞。

我们见过农副产品生产出来之后，由于信息不通、交通不畅，烂在地里无法实现价值的情况。但是与日本当年的线下认养相比，腾讯的“云认养”开了好头，实现了时代性跨越。从认养一种土特产到多种土特产，从助力一个乡镇到推向全国 34 个省及地区。不仅卖出了产品，还与第三产业紧密结合，从土特产走出去，到吸引客流走进来，走上一条崭新的公关致富道路，值得好好推广。

（点评专家：李兴国）

航天科技官方别具特色“神回复”引发社会共鸣

中国航天科技集团别具特色的官方“神回复”打造了诸多现象级爆款，引发了大众广泛关注和讨论，既正确引导了舆论走向，又宣传了我国航天事业所取得的诸多成绩，可谓公关事件里的成功典范。

2023 年以来，中国航天科技集团官方知乎账号运营团队以各种“神回复”的独特新颖方式，创新内容产品，诸多爆款内容走红网络。这些内容产品推动主流价值抵达、滋润和凝聚人心，把打造大国重器和传递时代强音紧密融合起来，起到了强信心、聚民心、暖人心、筑同心作用，也宣传了我国航天事业所取得的高质量发展成就。

据统计，多个爆款作品引发社会各界关注与讨论，仅作品原址阅读量就达数百万，被微博等其他平台的央媒账号和网络大 V 转载，取得了不俗的传播效果，引发了高度关注和认可。在中央企业新媒体指数排行榜上，该号多次位列第一名。

“神回复”到底如何“神”？从具体几个案例来看。

“神回复”之一，精准找到切入点，展现我国可重复使用试验航天器成功着陆的重要研究突破。中国航天科技集团承担一系列国家重大工程研制试验任务，但“国之重器”既要争取最佳传播效果，更要守住保密红线。

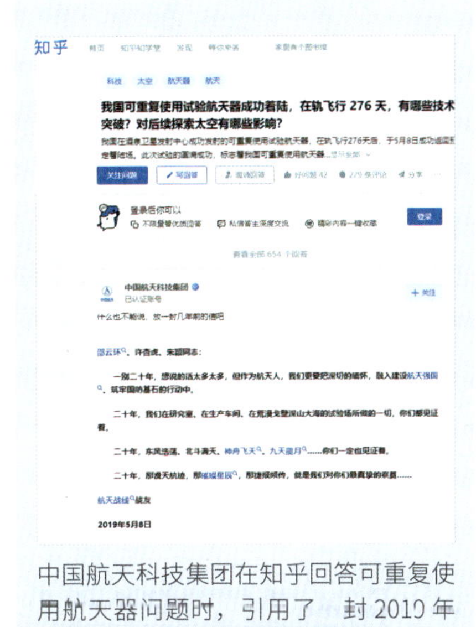

中国航天科技集团在知乎回答可重复使用航天器问题时，引用了一封 2019 年 5 月 8 日写给 1999 年遇难烈士的信。

2023 年 5 月 8 日，我国可重复使用试验航天器在轨飞行 276 天后成功返回预定着陆场，此次试验的圆满成功，标志着该领域研究取得重要突破，后续可为和平利用太空提供更加便捷、廉价的往返方式。运营团队将此成果与多年前的使馆遭轰炸事件联系起来，应邀作答：“什么也不能说，放一封几年前的信吧。”信的内容则是表达了航天人缅怀烈士、铸造重器的坚强意志。

广大网友纷纷表示：“秒懂”此回答所表达的意义。该回答仅原址阅读量就超 160 万，引发众人赞同。“你愿意一辈子隐姓埋名吗？”“我愿意”“忽报人间曾伏虎，泪飞顿作倾盆雨”“万里长空且为忠魂舞”“所以说，实干才能兴国”“工业上的明珠又少了一颗”“摘明珠，献祖国”“我什么也不说，只是默默鼓掌”等诸多高点赞评论，体现出网友们对我国航天科技研究的尊重、对烈士们的缅怀以及强烈的爱国情怀。中国航天人不忘历史，以烈士的牺牲砥砺为国铸剑的斗志，取得一系列重大成就，令人钦佩、令人动容。

“神回复”之二，另辟蹊径回应热点问题，官方解读航天强国标准。2023 年 5 月下旬，韩国总统称该国跃升为“世界七大航天强国”引发热议。知乎邀请中国航天科技集团官方知乎号回应。运营团队经研讨，决定不以正面方式进行评价，转而介绍我国航天强国建设计划，“我们将科学推进实现航天强国路线图，力争到 2030 年推动我国跻身航天强国前列，为 2045 年全面建成航天强国奠定重要基础。”

中国航天科技集团应邀作答“世界七大航天强国”相关问题。

中国航天科技集团在知乎对华为 Mate 60 Pro 卫星通信进行科普。

另辟蹊径的回答，既鲜明亮出态度，又把握分寸、拿捏好尺度。官方回应角度独特、来源权威，仅原址点赞量就超 1.4 万，还被微博等平台大 V 转发引用。网友们默契评论，“官方就是官方，说话就是有水平，点赞”“什么都没说，但却又什么都说了”，中国航天科技集团回复：“老一辈航天人把我们的火箭命名为长征，寓意发展航天事业永远在路上，永远保持谦虚谨慎、戒骄戒躁、踏踏实实、勇往直前。”网友纷纷为中国航天的谦虚态度和我国航天强国建设的高质量标准积极点赞。

“神回复”之三，紧跟热点事件，展开专业科普。2023 年 8 月底，华为官方发布了华为 Mate60Pro 支持卫星通话功能的消息，“华为捅破天”登上热搜，受到广泛关注。中国航天科技集团官方账号对此热点进行科普，从专业角度科普我国天通移动通信卫星和北斗导航卫星的技术优势。“‘遥遥领先，遥遥领先，我们继续遥遥领先……’最近都快被这刷屏了，但是仔细一看：卫星通话！掐指一算，这个卫星大概率指的是我们中国航天科技集团有限公司五院抓总研制、中国电信运营的天通一号卫星。”目前天通一号卫星已经发射了三颗，最新的一颗——天通一号 03 星是 2021 年初发射的，可与地面移动通信系统共同构成天地一体化移动通信网络，为我国及周边、中东、非洲等相关地区，以及太平洋、印度洋大部分海域用户，提供全天候、全天时、稳定可靠的话音、短消息和数据等移动通信服务。

在宣传航天成就、航天精神的同时，中国航天科技集团注重做好科学普及，让受众既有自豪感、又有获得感。相关专业科普回应让此话题登上知乎热榜，网友纷纷为“中国创造”的梦幻联动点赞。在微博平台，“遥遥领先”和航天科技话题同样成为热点，收获许多网友的支持肯定。

作为航天科技工业主导力量，中国航天科技集团通过新媒体手段，强化与公众互动交流，社会效益显著，成功塑造了可信、可爱、可敬的品牌形象，使得大众对中国航天品牌的认知度、美誉度极大提升，大家纷纷将中国航天视为引以为傲的“国家名片”，这也是中国公共关系服务高质量发展的一个生动写照。

背景资料

中国航天科技集团有限公司是我国航天科技工业的主导力量、国家的战略科技力量、国家科技创新的排头兵。其官方知乎号在集团公司党群工作部指导下，由所属中国航天科技国际交流中心新闻事业部相关团队运营。

中国航天科技集团高度重视公共关系维护，知乎号与用户积极互动，有力提升了中国航天品牌美誉度，显著扩大了社会影响力。在中央企业新媒体指数排行榜上，该号多次位列第一名。

专家点评

"国之重器"不能示人，是无图而确有真相；他国言论不予"直"评，是不言却万众秒懂！

中国航天科技集团的官方"神回复"，在社交媒体上展现出了外交级沟通风采，打造了现象级的公关爆款。"神回复"是一个品牌标签，标志着国资央企的品牌建设进入了一个新的境界，讲解起国家航天战略、航天科技发展，可以厚积薄发、举重若轻，更可以生动有趣、娓娓道来。对于这样的"神回复"，网友的再回复是"爱了！爱了！"，对于此刻回复的官方，民众的观点是："这样的中国航天科技再来一打儿！"

中国航天举世瞩目的成就是一代代航天人干出来的，而中国航天科技的品牌高光，既是航天人干出来的，也是航天人答出来的。

（点评专家：顾环宇）

顾环宇 | 专家简介

新华社《中国名牌》杂志原总编辑，清华大学中国城镇化研究院研究员、商务部品牌专家。曾任中国环球公关公司总顾问、CCTV《商务调查》总撰稿，新华优品品牌官、北京著名商标评审委员，多家世界500强企业品牌管理顾问。

35年专注研究品牌资产管理、品牌战略构建，品牌危机管理体系、品牌营销传播机制。著有《品牌的中国——商务部品牌万里行》《中国品牌营销全记录》《CCTV-商务调查》等著作。担任清华大学、中山大学、上海交大、对外经贸大学、浙江大学等多所著名院校MBA、EMBA班客座教授，中山大学MBA校外导师；负责CCTV《品牌的奥秘》《中国品牌之路》《冲刺2008（奥运营销）》大型晚会策划及撰稿。参与策划组织的天安门广场香港回归倒计时牌活动在国内外公关界屡获殊荣。

华能核电“连心桥”品牌公关走近公众

中国华能核电以“连心桥”品牌拉动公众“核”认知，开展丰富的科普传播活动，启用一线员工代言，不断改变公众“谈核色变”的刻板印象，显著提高公众对核电产业的认知度、认同度，成功搭建企业与公众的沟通桥梁，助力核电企业公共关系多元连接与可持续发展，向世界一流核电企业目标努力迈进。

2023 年 4 月，中国华能集团有限公司发布华能核电公众沟通品牌“连心桥”。

核电作为零排放的清洁能源，对保障国家能源安全、调整能源结构、实现“双碳”目标具有重要意义。积极、安全、有序发展核电，离不开与公众的沟通和良好的社会舆论氛围。

2023 年 4 月，中国华能集团有限公司在中国核能可持续发展论坛——2023 年春季国际高峰会议暨第十五届中国国际核电工业展览会上，正式发布核电公众沟通品牌“连心桥”（BRIDGE）。“连心桥”品牌融合 Brave（信心和勇气）、Risk（风险认知）、I（人人参与）、Duty（责任）、General Public & Government（公众与政府）、Environment & Economy（环境与经济）含义，寓意华能核电要以坚定的信心与勇气面对核电风险，以坦诚的态度帮助公众建立核电风险认知，通过“始终把核安全放在最高优先级”的实际行动使风险可控，真正做到让公众放心。同时，倡导核电行业每一个人都有做好公众沟通的责任，全民参与、全民动员，人人都是科普员，人人都是宣传员，帮助公众与政府加深对核电特性的认知，提升公众对核电的认可度，共同推进我国核电产业安全高效发展，一体推动落实“保护环境、保护公众”的核电安全总方针，助力积极安全有序发展核电，助力经济社会高质量发展。

结合国家战略、央企责任和社会热点，中国华能先后积极开展了“连心桥”之核你有约、核你同行、核你相伴系列品牌公关活动，致力科普宣传、公众参与、生态保护、乡村振兴等融合发展，以坦诚的态度帮助公众提升对核电的认知度和认可度，让公众谈“核”不再色变，助推华能绿色转型和中国核电产业高质量发展。

“连心桥”的品牌公关活动覆盖了校园科普、社区服务、行业展览展示、医疗义诊和乡村振兴等多个领域。例如，华能石岛湾核电站坚持与公众保持良好沟通，针对大家关心的核电问题，电站志愿者们主动走进学校、社区和村庄，开展科普活动，用数据说话、用科学沟通。邀请社会公众来到石岛湾核电站参与“核你有约”公众开放日活动。2023 年，华能石岛湾核电站共接待社会公众超 1 万人，华能乡村核能科普馆接待公众约 1.8 万人，华能昌

2023 年 11 月，在第二届中国核能高质量发展大会上，中国华能“连心桥”品牌联名“核博会”品牌牵头设立、各核电集团共同参展的“核科普专区”吸引了社会各界和广大师生参观互动。

江核电站接待社会公众超 1000 人，与公众开展良好的沟通实践，取得丰富成果。

华能霞浦核电公司秉承华能集团“建设一座电站、带动一方经济、保护一片环境、造福一方百姓、共建一方和谐”的理念，自 2018 年起先后选派两位优秀党员干部担任驻村第一书记，助力当地脱贫攻坚和乡村振兴。福建宁德霞浦县古县村驻村第一书记樊丽丽表示，“连心桥”代表华能践行央企社会责任，以核电产业助力全面推进乡村振兴，是联结华能绿色发展和百姓需要的“民生桥”“幸福桥”，象征着温暖、安心、民之所盼。

从公关活动传播特点来看，本次活动注重强化双向传播，直击产业“痛点”，对接公众生活“热点”。“连心桥”对品牌进行双向传播，一方面通过公众座谈会、调查问卷等，建立常态化信息公开及意见建议收集渠道；另一方面举办核电站公众开放日、媒体开放日、探究核安全科普基地、云游核电站网络直播等系列公关活动，并于 2023 年 4 月在福建霞浦建成投用了我国首个乡村核能科普馆，积极邀请公众“走进来”，让科普宣传进乡村，点亮儿童科学梦。系列活动让老百姓们近距离感受核电站的日常运营，强化体验传播。同时，华能核电宣传员“走出去”来到校园、小区和乡村，聚焦“核电与我们的生活”，正面回应公众诸如“核电是否会排放出放射性物质”“是

2024 年 4 月，“走进新国企——向新而行 智造未来”媒体团走进华能石岛湾核电基地，来自人民日报、新华社等 18 家主流媒体 27 名记者，深入全球首座第四代核电站生产一线，探寻“大国重器”里的新质生产力，聆听“连心桥”的背后故事。

否会影响周边海水”等关切或疑惑，将核电与公众衣食住用行紧密连接，倡导人人都是核电科普员与宣传员，快速扩大公众沟通与传播的“朋友圈”。

此外，本次活动鼓励核电一线员工上阵为自己“代言”。在“连心桥”品牌推广过程中，华能核电一线员工樊丽丽担任“品牌代言人”，向大众讲述品牌故事。以此为基础，华能核电先后邀请多位“品牌代言人”讲述系列品牌故事，他们既是故事的主角，也是讲述者，他们的讲述使品牌传播力、感染力显著增强。“代言人”们通过线上线下活动，积极为华能核电站所在城市的地方特产“代言”，以此展现核电站安全运营与海洋保护、城市发展、乡村建设的关系。

华能核电公众沟通品牌“连心桥”的系列公关活动取得积极成果，一座开放、透明、融合的沟通“连心桥”已成功架设在华能核电与公众之间。公众对核电产业的认知度和认同度显著提高，“华能核电”品牌的美誉度得到极大提升。在“连心桥”品牌附加值的加持下，华能在山东石岛湾、海南昌江、福建霞浦的三大核电基地建设进入“快车道”，正在朝着世界一流核电运营商这一目标努力迈进。

背景资料

中国华能集团有限公司成立于 1985 年，是经国务院批准成立的国有重要骨干企业，也是集电力、煤炭、金融、科技、交通运输产业于一身的综合能源集团，装机容量全球第二，已连续 16 年上榜《财富》世界 500 强，是中国发电行业的领军型企业。截至 2024 年 9 月，中国华能集团有限公司可控装机容量 2.58 亿千瓦，低碳清洁能源占比 48.7%，总供热面积 10.3 亿平方米，是国内最大的民生供热企业。

中国华能集团有限公司坚持以高质量发展为主题，以绿色低碳转型为方向，深入推进新时代品牌建设工作，积极打造五大传播联盟，以有高度、有广度、有温度的“三度”精准开展品牌传播，面向多元受众提供精准、丰富、高品质的传播内容和传播体验，讲好中国式现代化的华能故事，不断提升“中国华能”品牌知名度和美誉度。一是打造新媒体联盟，积极推进媒体传播体系平台创新，将其打造成为品牌传播的共享平台、品牌工作协同联动的展示平台、品牌维护的监测平台，传播赋能人民美好生活的品牌形象；二是打造央级媒体联盟，持续深化与央级媒体的沟通合作，传播践行国家战略、建设大国重器的品牌形象；三是打造行业媒体联盟，传播赋能行业发展的品牌形象；四是打造财经媒体联盟，通过主动策划选题、主动引导舆论倾向、主动探索合作等方式，维护长期深度合作关系，有效降低舆情风险，传播服务国家、服务行业、服务客户的品牌形象；五是打造第三方智库联盟，利用学术研究、课题研究、项目研究、技术研究等方式与第三方智库长期合作，传播赋能行业发展、员工成长、用户体验的品牌形象。通过传播服务国家能源战略、发展新质生产力、保障能源安全稳定等内容，充分利用线上线下多元渠道，扩大品牌传播广度，以细腻、具体、接地气的故事为载体，以“深入基层，服务百姓”的华能好故事、好声音，以高水平公共关系实践推动企业高质量发展。

专家点评

核能、核电站，听起来离普通公众是如此地遥远，但近邻的核废水排海、远方的核战略阴影，又让普通公众对于核技术的日常应用多多少少有一些“闻核色变”。而这些似是而非的“核焦虑”对于核电企业的公共关系部门来说，意味着非常大的沟通挑战。

中国华能核电不仅认知、正视这种“焦虑环境”，对标世界一流核电企业，以品牌化的公关手段积极应对这一挑战，而且还颇有一些“品牌野心”：不仅正式公布了公众沟通的品牌，还以“连心桥”为之命名——不是浅沟通，要能真走心！

在公众沟通品牌发布当年，华能石岛湾核电站、华能乡村核能科普馆均接待社会公众超万人，他们用科学沟通、以数据服人，进学校、进社区、进乡村，以一线员工、驻村书记为品牌代言人，讲清楚了核电站安全运营与海洋保护、城市发展、乡村建设的关系，科普宣传、公众亲测、生态保护与乡村振兴多管齐下，在国资央企中树立了公众沟通品牌的闪亮旗帜。

（点评专家：顾环宇）

中兴通讯 5G+ 数智技术守护可可西里藏羚羊

中兴通讯携手青海移动等伙伴，克服极端环境、网络覆盖不足等种种环境难题和技术难题，将 5G+ 数智技术带到“藏羚羊大产房”可可西里卓乃湖，以“数”守赋能“戍”守，支援戍守者，为当地生物保护工作助力。

2023 年 7 月至 9 月间，中兴通讯携手青海移动完成了数智技术赋能无人区生态文明建设的故事，展现了科技企业的社会责任和企业担当，策划并完成了以“‘数’守可可西里”为主题的公共关系活动。此次活动面向泛 C 类公众、运营商客户等受众，与同期央视藏羚羊产仔直播合力，打造深度纪实、自述文章、人文纪录片等优质内容矩阵，将主动讲述、媒体共创、客户联动、话题引流、定向营销等传播形式结合，获国内外运营商、媒体、咨询公司、公众广泛关注和好评。

卓乃湖位于可可西里自然保护区的中心，素有“藏羚羊大产房”之称。每年 5 至 7 月，数万头雌性藏羚羊经过长途迁徙，来到卓乃湖周边集中产仔。因此，卓乃湖是保护藏羚羊的重要观测点和中继点，保护站工作人员需要长期在该区域进行巡护保障工作。2023 年 5 月初，三江源国家公园、青海移动携手中国铁塔和中兴通讯，在卓乃湖保护站正式启动 5G 基站部署。当地高海拔、高寒、大风、冻土等严酷的自然环境对技术方案及设备性能提出了巨大的挑战。青海移动和中兴通讯紧密合作，克服了人员缺氧、高原反应、野生动物侵扰等各种困难，历时二十余天，高标准、高效率、高质量地完成了业务开通，并首次在茫茫无际的无人区打通了视频电话。

2023 年 6 月，卓乃湖保护站开通第一个 5G 基站。这意味着我国面积最大的无人区，海拔最高、野生动物资源最为丰富的世界自然遗产，已经通过 5G 和世界连接，开启了动物保护与生态监测的新篇章。

本次“‘数’守可可西里”主题活动内容共在 16 家媒体落地，包括《人民日报》、环球网、通信世界等各领域权威媒体；与中国移动等强强联动，借助公众号、微博等资源扩大声量；以头条抽奖、微博互动等形式引爆转发量和讨论热度。自媒体聚焦“Meaningful Connectivity”，以社媒定制图文、视频等形式在 Facebook、X、LinkedIn 和 YouTube 完成多轮有序推广。同时发起媒体共创，视频采访、深度文章等内容在外媒先后落地，并通过

2023 年 5 月，来自青海移动、中兴通讯、中国铁塔的施工者们克服艰难险阻和恶劣环境进驻可可西里无人区，开始 5G 建设。

Media Pitch 及 Newsletter 分发，吸引国外媒体主动撰稿、自发传播。

2023 年 5 月，来自青海移动、中兴通讯、中国铁塔的施工者们在风雪中调试 5G 基站。

7 月 10 日至 8 月 1 日，可可西里案例国内社媒累计阅读量超 195 万次，头条话题累计展现量近 180 万次，海内外影响力提升。7 月 24 日至 9 月 18 日，海外自媒体曝光量突破 4000 万，视频播放量超 600 万，引得 Jazz、Ooredoo、Claro、Bharti Airtel 等运营商、香港经济日报等媒体和 GlobalData 等咨询公司点赞互动。同时，海外媒体落地表现出色，包括 2 篇共创优质文章及 19 篇 Earned Media 落地报道；报道被广泛转载至 X、LinkedIn、YouTube 等自媒体平台，涵盖英语、日语、西班牙语等多种语言；行业媒体传播精准触达近 2000 万用户；企业温情形象深入人心。

可可西里的生态保护有许许多多的故事可讲，但在受众之中存在一些刻板印象，尤其是在海外市场，将这里看作是一个荒芜与野蛮的地方仍是一种主流认知。

中兴通讯真诚记录，以纪录片等方式更生动、真实地还原了可可西里无人区发生的新故事。影片没有刻意用野蛮与文明、科技与自然的冲突去渲染情绪，更多是以每一个守护者所作的努力，与广袤无垠的大地进行对比，凸显 5G 技术的鲜活、生命的鲜活，让受众了解科技向善的力量与意义。

中兴通讯结合媒介形式挖掘故事。本次“‘数’守可可西里”主题活动的新闻通稿、自述文章、深度纪实从不同视角挖掘故事，打造差异化叙事策略。人文纪录片集中展示技术亮点、施工过程、项目意义。科普短片从藏羚羊迁徙视角体现科技温情，塑造有温度的企业形象。燃向短片从中兴工作者

2023 年 5 月 31 日，可可西里卓乃湖 5G 信号开通，工作人员与家人进行视频通话。

2023 年 5 月 31 日，可可西里卓乃湖 5G 基站开通，现在，藏羚羊的身影能通过视频实时回传到观测平台上，工作人员可以及时进行沟通联络，以便实施救助或请求专业增援。此外，守护者们在生命安全得到保障的同时，能和身在都市的人一样，在闲暇时间看视频、线上聊天、网上购物，享受丰富的业余数字生活。

视角出发，传递精神力量。

中兴通讯把握可持续发展核心议题。在此次传播中，可可西里无人区生态、野生动物保护和可持续发展成为广受讨论的社会议题。主题活动内容向社会传递出 5G 技术对于野生动植物环境保护的积极助力，科技对自然的保护，一直都在。生命绽放，通信护航。中兴通讯的“数”守故事和科技温情形象也被国内外公众、运营商、媒体广泛知晓。作为中国生态文明建设的特色名片，可可西里传说被世界听到了，同时也为中国公共关系服务高质量发展奠定了坚实的实践基础。

背景资料

中兴通讯是全球领先的综合信息与通信技术（ICT）解决方案提供商，用创新的技术与产品解决方案，服务于全球电信运营商、政企客户和消费者。公司成立于 1985 年，在香港和深圳两地上市，业务覆盖 160 多个国家和地区，服务全球 1/4 以上人口，致力于实现“让沟通与信任无处不在”的美好未来。

中兴通讯拥有 ICT 行业完整的、端到端的产品和综合解决方案，通过全系列的无线、有线、算力、数字能源、终端等产品方案及专业服务，灵活满足全球不同运营商和政企客户的差异化及快速创新的需求。目前，中兴通讯已全面服务于全球主流运营商、政企客户及消费者。数字经济大势所趋，已经成为推动全球经济持续稳定增长的关键动力，作为全球领先的大型综合信息与通信技术解决方案提供商，在数字经济大潮中，中兴通讯致力于成为“数字经济筑路者”，用创新的 ICT 科技，支撑全球数字化转型。

中兴通讯围绕着“绿色低碳”“科技创新”“数智化转型标杆”等形象标签，乘势“新质生产力”“高质量发展”等时政大势和话题热潮，形成借势、造势合力，持续全方位夯实“数字经济筑路者”的整体形象。从品牌规划角度，坚持品牌形象具象化，从“看到”到“看懂”；从整合营销角度，从“自己说”到让客户、媒体、业主“说”；从内容传播角度，加大优质内容挖掘和传播视角创新，提高内容利用效率；从数智创作角度，让 AI 化、数字化贯穿展厅、展会、官网等对外露出平台；从媒介资源角度，国内做到高质量标尺驱动，走品质传播路线，国外聚焦核心媒体，拓展媒体圈层，自媒体矩阵稳中求新。

此次整合营销传播项目以“‘数’守可可西里”为主题，与央视藏羚羊产仔直播合力，打造优质内容矩阵，将多种传播形式结合，讲述数智技术赋能无人区生态文明建设的故事，展现中兴通讯的社会责任和企业担当，获国内外广泛关注和好评。

未来，中兴通讯还将持续挖掘自身以科技创新点亮千行百业与社会生活的好故事，用品牌传播为好故事插上“翅膀”，让它们被五湖四海听到、被世界听到。

专家点评

改革开放以来，中国不断加大环保力度，同时，中国环保的国际传播能力也一直在上台阶。我们认为，生态文明是人类的最大公约数，地球是人类的共同家园。可以说，生态文明是讲好中国故事，同时向世界说明中国的重要议题，也是建立中国话语的重要内容。

中兴通讯携手青海移动讲述数智技术赋能无人区生态文明建设的故事，策划并完成了以“‘数’守可可西里”为主题的公共关系活动，就是在生态文明建设的中国话语中增添的一抹亮色。

这次公关活动的特点，就是把我们在可可西里的生态故事讲出来，传出去。中兴通讯首先在基础建设上投入力量，将5G+数智技术带进了可可西里。其次，是做好内容产品，结合媒介形式挖掘各种具体生动的故事。第三是调动了各种传播形式，打造深度纪实、自述文章、人文纪录片等传播矩阵，将主动讲述、媒体共创、客户联动、话题引流、定向营销等传播形式结合。第四是拓宽传播渠道，主题活动内容共在16家媒体落地。最终获得了较好的传播效果。传播的关键是主题、细节、故事、方式、渠道及新媒体时代的话题性与互动性，可以说，这次公关活动在这些方面都有亮点。

（点评专家：刘笑盈）

长安福特三江源生态保护公益行获公众点赞

“探长行动”是长安福特汽车有限公司专门建立的以文明探旅为共同目标的圈层体验平台，致力于守护自然环境，践行生态环保理念。所有积极响应与支持践行生态环保理念的探险者车主均可签署《探长公约》，成为一名文明探旅的践行者——“探长”。

长江、黄河、澜沧江三条长河，编织出了中国大地最基础的脉络，孕育出了中华文明，共同创造了属于中华民族的回忆。2023 年 7 月至 8 月，长

“福探长”们集结后，乘坐福特探险者昆仑巅峰版前往阿尼玛卿雪山进行神山煨桑。

安福特向“福探长”们发出“共赴昆仑之约”的邀请，走进中国首批正式设立的国家公园——三江源国家公园，探寻华夏之根、母亲河之源——黄河源，践行《探长公约》。长安福特官方的福域 APP 招募探长，激励车主在福域 APP 及汽车之家论坛发帖，讲述探长们践行公益车主故事，引发对昆仑公益行的期待。本次活动由迪思传媒策划，覆盖车主超 10 万人，为三江源生态环境和野生动物保护贡献了力量，深化了“探长”IP 形象，也传递了福特的环保理念，彰显了其践行社会公益的品牌社会责任感。

在项目正式启动前，企业方面提前发起预热活动，为项目正式启动奠定良好基础。在上海、重庆，福特联动车友会发起“守护三江源”公益活动，开展绿色骑行、净滩行动等环保行动，车主自发录制“打 call 视频”，为昆仑之约预热。例如，在重庆福特车友联盟会长的带领下，身处重庆的“探长”们以家庭为单位开启探寻绿色水源的环保之旅，深度科普探访污水处理厂，更好地了解和认识污水处理对保护水源的重要性，隔空为这次寻访三江源助

“福探长”们及抖音 KOL 一起在阿尼玛卿雪山举行神山煨桑仪式，在煨桑台附近捡拾垃圾，了解雪线监测，守护雪山生态环境。

“福探长”们挑战身体极限，打卡海拔 4610 米的“华夏之魂河源牛头碑”，学习黄河源生态保护知识，树立《探长公约》立牌，以影响更多的人加入文明探旅的行列。

力。同时还开启净水护滩环保行动，发扬“探长精神”，践行《探长公约》，以家庭为单位清理江边垃圾，积极参与到保护水源的行动中，共同守护中华民族的生命之源。

本次项目积极践行环保理念，联动车主们共同助力生态环境保护。30 名“探长”及 3 位 KOL（关键意见领袖，Key Opinion Leader）共赴三江源国家公园，通过架设红外相机、搭建大鵟巢、在牛头碑旁树立《探长公约》立牌等环保活动，携手 KOL 直播并产出系列视频，传递环保理念。项目延续期内，通过官方公益纪录片，真实记录“探长”们的环保之旅，致敬黄河源水系发源地，了解马麝、雪豹、大鵟等野生动物保护背后的故事，弘扬“探长精神”，并计划根据品牌官方传播互动量向三江源国家公园等额捐赠红外相机，助力生态环境保护。

长安福特打通官方自媒体 + KOL 全粉丝群体，覆盖抖音、论坛、社群、汽车媒体等线上渠道，打造车主共创 + 品牌自制的高质量内容吸引用户关注讨论，并通过视频、直播等内容形式，不断提升活动曝光率与影响力。共辐射 38 个车友群，超 10 万车主，产出 2392 篇次口碑贴，浏览量 372 万。传播素材覆盖视频、图文等，总浏览量 1446 万。

“共赴昆仑之约”项目展示了探险者系列车型的产品实力，并在深化“探长”IP、打造“探长”圈层营销的同时，彰显了长安福特对中国文化和环保事业的贡献，极大提升了品牌美誉度及好感度。

《福探长行动 2023 年年度总结报告》显示，2023 年“福探长”共进行了 100 余场公益活动，他们向着心中“昆仑”勇敢奔赴，跨山越海，以实际行动践行了《探长公约》承诺。“探长”们在广袤苍茫、黄沙漫天的敦煌完成了戈壁莽莽下的防风固沙；在长安福特新能源联合蓝丝带海洋保护协会组织的中华白海豚等鲸豚类保护动物救助行动中，守护厦门鼓浪屿的碧海银滩；为阿尼玛卿监测雪线，为大鵟筑巢维持草场生态平衡，架设红外相机了解野生动物保护，将《探长公约》立牌树立在三江源国家公园，传递“福探长精神”；探寻雨林秘境、捡拾垃圾、拆除捕兽夹，进行森林无痕活动，修复受损海洋生态系统……“探长”们开展了多个活动来保护环境，从南到北，从东到西，他们不仅克服了高原环境的诸多困难，更征服了复杂崎岖的路况，用行动去

“福探长”们了解国家二级重点保护陆生野生动物大鵟的生活习性，在当地领队的带领下，一起为大鵟建筑稳固的巢穴。

当地藏民带领“福探长”们在黄河发源地取水，举行敬水仪式，了解黄河水系发源地的故事以及黄河源片区生态保护知识。

践行可持续发展的理念。

长安福特通过打造“探长行动”平台，将保护生态文明、传承生态文明理念作为长期主题，积极开展丰富多彩的公益活动，不断号召车友们积极主动加入环保公益行动，让环保公益项目滚动运行起来。这是社会公益与企业公关密切结合的一次生动实践。长安福特通过系列环保行动，引发了公众对于三江源生态环境和野生动物保护的关注，成功在三江源树立《探长公约》立牌，持续传递环保理念。

昆仑对于中华民族来说，更是一种精神符号和文化载体，是无数探险者心目中一道神圣而迷人的关卡。2023 年，“福探长行动”跨越山海、探秘昆仑，用探险犒赏人生，身体力行践行公益环保理念。据了解，2024 年，“福探长行动”迎来重大升级，再次开启共赴“心中昆仑”的探险之旅。

背景资料

迪思传媒（D&S Media），1996 年成立于北京，是中国领先的全链路智能营销服务机构，被誉为“中国公关行业黄埔军校”。旗下千余名行业精英为众多行业客户提供品牌战略咨询、数字化内容营销、公共关系管理、网络声誉与口碑管理、AIGC（Artificial Intelligence Generated Content，人工智能生成内容）营销、出海营销以及 ESG（Environmental, Social and Governance，环境、社会和公司治理）

营销等专业服务。迪思以“数字时代的品牌建筑师”为定位，始终以专业为根基，以创新为动力，将“内容 + 技术 + 数据”融为一体，不断推动公共关系及内容营销行业的革新与突破。迪思自 2001 年起在中国公共关系与营销传播行业连年排名前列，2024 年位居 PRovoke 全球公关机构排行榜 Top 21，屡获大中华区年度公关公司、中国最具影响力传播公司、年度推荐内容营销公司、数字营销影响力公司等荣誉。

迪思传媒始终积极践行企业社会责任，除自身关注并参与公益项目之外，还积极协助品牌客户开拓公益资源，并做好前瞻策略、创意内容、高效传播等全链路营销服务。

此次迪思针对获首批的国家公园——三江源，策划系列环保公益活动，联动长安福特官方自媒体、车友会、探长 KOC（关键意见消费者，Key Opinion Consumer，对应 KOL）及 KOL，打造 360 度传播，提升传播效果，引发全民关注，在树立企业社会责任感的同时，为社会公益贡献力量。迪思从三个层面积极协助客户践行公益，彰显品牌社会责任感：开辟新赛道，差异化产品利益点强输出；本土化种草，以中国符号、中国故事打动用户；圈层营销破圈，环保公益行动提升用户及品牌形象。该项目紧扣新时代脉搏，传播社会正能量；通过带有中国符号的“共赴昆仑之约”活动，以及“神山煨桑致敬昆仑”“东昆仑黄河源祈福取水”等环节加深产品独有的中国文化烙印；通过社会热点“环保公益行动”进行圈层营销，彰显出品牌的责任与担当；更重要的是引发了公众对于三江源生态环境和野生动物保护的关注，展示了长安福特对环保事业的贡献，极大提升了品牌美誉度及好感度。作为项目的策划、执行团队，迪思与有荣焉。

未来，迪思也将充分利用 AIGC 等前沿技术，赋能品牌营销，提升品牌产品体验的同时，坚持“技术 + 内容”共同发展，向世界讲好中国品牌故事，携手客户做好企业社会责任落实和传播，推进公共关系理论与实践创新，推动高质量发展。

专家点评

通过环保等企业社会责任活动来塑造品牌形象和推广产品，是公关传播中常见且有效的策略，其关键在于活动与品牌或产品的调性契合程度。长安福特的“探长行动”无疑是这种策略的成功范例。

“探长行动”巧妙地将品牌与生态环保主题结合，创建了一个具有强大吸引力和号召力的圈层体验平台。通过签署《探长公约》，车主们不仅成为了品牌的忠实用户，更成为了生态环保理念的践行者。这种身份认同感进一步增强了品牌黏性和用户忠诚度。长江、黄河、澜沧江三条大河不仅是中华文明的重要象征，更是生态保护的关键区域。通过带领车主深入这些地区，长安福特不仅展示了其探险者系列车型的卓越性能，更通过实际行动践行了品牌的环保承诺，极大提升了品牌的美誉度并展现社会责任感。

在传播层面，长安福特通过多渠道、多形式的内容传播，确保了活动的广泛影响力和持续热度。在上海、重庆等地联动车友会发起的“守护三江源”公益活动，成功调动了车主们的积极性，积累了大量关注和支持。

“探长行动”的品牌调性与环保活动衔接自然，不仅实现了品牌价值提升和用户关系的巩固，也促进了公众对三江源生态环境和野生动物保护的重视。这次活动让保护生态不再仅是一个口号，更成为可持续的企业社会责任行动。

（点评专家：孔晶）

雀巢助力云南咖啡全产业链发展

雀巢携手云南咖啡 35 周年，开展系列主题公关活动，以多元形式，深入中国咖啡产业的故事，取得丰富传播成果，获得了超过亿级的消费者观看量和百万级消费者互动量。让公众真实体验云南咖啡生态，让公关传播活动真切联动全产业链，让公共关系真正实现积极助推品牌的高品质发展。

2023 年是雀巢与云南咖啡携手 35 周年的重要年份。35 年来，雀巢咖啡深扎云南产地，从培训、采购、产业推广等多角度助力云南咖啡品质提升。同时，雀巢利用自身的生产力与品牌影响力，将云南咖啡引入本土咖啡产品的创新研发，真正让云南咖啡实现从种植、生产到产品消费的全产业链发展，并让整个产业链从咖农到行业再到消费者都全面获益，让云南咖啡真正实现风味好、品质高、有知名度，被消费，被热爱。

为了进一步助推云南咖啡的高品质发展，2023 年，雀巢开展了一系列推广云南咖啡的创新主题公关活动。5 月，雀巢在云南举办荫蔽树种植活动和产地直播活动，邀请消费者一起“云溯源”。从咖啡田间到咖啡展厅，全天候 15 小时的直播在直观展现云咖魅力的同时，也通过沉浸式的场景成功激活了消费者对于可持续理念的感知，进一步鼓励和带动更多人践行绿色、健康、均衡的新生活方式。此举标志着雀巢咖啡 2030 计划继 2022 年 10 月

雀巢咖啡启动 2023 年荫蔽树种植。

全球启动后在中国本土的正式落地，同时也是对雀巢“全球再造林计划”的进一步贯彻和推进。雀巢在云南持续推动咖啡种植向再生农业转型，2023 年在云南种植和培育 20 万棵树，以可持续的方式赋能云南咖啡产业焕新升级，让“绿色”和“可持续发展”成为云南咖啡的新标签。

6 月，通过人民网的“透明工厂”探寻消费密码主题直播走进雀巢咖啡，解锁一杯“匠心”咖啡的诞生。先进的智能化生产工艺，苛刻的质量控制流程，强大的研发技术支撑，才能造就一杯“好咖啡”。同时还有《乡村振兴·中国力量》栏目专门为云南咖啡拍摄的纪录片《走进云南普洱，探寻咖啡特色产业发展之路》，生动展现云南咖啡的产业发展面貌。云南省积极推进咖啡标准化、规模化生产种植，提升咖啡品质，把云南优质咖啡推向国际舞台，让咖啡产地各族群众实现了“小康梦”，乡村振兴之路越走越宽。

9 月，雀巢在“世界咖啡之都”上海开展云南咖啡风味地图活动。9 月 14 日至 17 日，“2023 年云南咖啡风味地图”活动在虹桥品汇开启了新一轮云南咖啡风味大赏。雀巢咖啡通过搭建一个让全世界咖啡从业者、爱好者共同参与的平台，全方位呈现了云南咖啡之美，点亮了更醇香、更高品质的风味坐标，助力云南咖啡绘制风味新地图、发展新梦想，加速奔赴全球咖啡市场。

以“好咖啡，在身边”为主要思路，从产地出发，到行业推动，再集中落到中国消费者的需求，雀巢用真诚的姿态，做好并讲好了一个生动的可持续品牌故事，将产业、产品、人融入其中，描绘了云南咖啡可持续高品质发展的新阶段，获得了千余篇媒体报道，超过亿级的消费者观看量和百万级消费者互动量。主题公关活动取得积极的传播效果。据统计，雀巢助力云南咖啡发展系列活动共得到了超 1700 篇深度报道，总曝光量超 60 万，总触达人数超 1000 万。除此之外，共有 29 万名观众通过雀巢官方直播活动一起见证产地云溯源。通过人民网“透明工厂”直播活动和《乡村振兴·中国力量》栏目，雀巢咖啡活动在全网共获得了近 1.5 亿播放量。

雀巢在云南咖啡产地发起“云南美咖溯源之旅”主题直播。

从咖啡田间到咖啡展厅，直观展现云咖魅力

雀巢系列活动从“产业、产品、人”出发，最终呈现出三大亮点：一是故事性，利用产地直播、纪录片等融媒体形式，生动地为消费者铺陈出云南咖啡的生态风貌，从农田到餐桌的全溯源不仅呈现了优质产品的生产过程，更多维度展现了相关行业和人。二是链接强，邀请媒体人、咖啡师、咖啡专家和爱好者前往产地，了解云南咖啡的品质发展之路，在传统媒体及社交媒体进行传播；同时帮助这些利益相关方与云南咖农建立起沟通渠道，很好利用了“人”这一传播与沟通的双重载体助推行业发展。三是号召力，落地不做“自嗨型的互动”，更重视“沉浸式感知”，比如直播将远在云南的荫蔽树种植活动和手中的咖啡联系起来，感召年轻一代消费者参与到可持续发展行动中来。

通过线上直播和线下活动体验并行的融媒体传播方式，雀巢让更多消费者切实感受到了云南咖啡生态。在多领域媒体原创稿件、活动向和行业向双角度广泛触达传播的加持下，雀巢实现了消费者认知度、好感度、忠诚度全

雀巢咖啡云南咖啡风味地图活动展台

方位的攀升，成功扎根大众视野，用细节打动消费者，用真实的投入和付出扭转了部分媒体和消费者的刻板印象，有效优化了雀巢咖啡品牌印象。

雀巢携手云南咖啡的一系列主题活动，是一次连接咖啡生产全产业链的全方位公关实践，从咖农、生产到消费者，从直播、纪录片到现场活动，真正实现了多维度的公共关系传播活动落地落实。

背景资料

雀巢公司成立于 1866 年，总部位于瑞士韦威，是全球知名的食品饮料公司，拥有超过 2000 个品牌，涉及婴儿营养、饮用水、咖啡、糖果巧克力、宠物食品等领域。雀巢大中华大区是世界上发展最快的食品和饮料市场之一。

创造共享价值是雀巢开展业务的根本方式。雀巢相信，公司只有同时为股东和社会创造价值，才能取得长期成功。雀巢的活动和产品在为企业自身的持续成功作出贡献的同时，应该给社会带来积极的影响。

雀巢积极应对可持续发展挑战，承诺到 2050 年实现净零碳排放，并发布了涵盖行动计划和时间表在内的路线图。雀巢的可持续发展行动主要聚焦在三大领域：进一步降低碳足迹、加速可持续包装转型、推进可持续采购。

在传播方面，雀巢持续关注消费者的需求和兴趣点，不断创新营销内容，加强与消费者的链接，提升品牌形象和好感度。根据不同消费群体的生活方式、潮流文化、消费习惯等因素，雀巢设计了创意性和互动性兼具的公关活动，并从线上延伸到线下。

雀巢整合了旗下抖音、小红书、B 站、微博、微信五大传播矩阵，打造以消费者为中心的多面化 DTC 营销链路。通过运用 MR 短视频和

雀巢计划于 2026 年前在云南携手咖农种植 130 万棵树。

AIGC 等新技术，融合可持续发展、拥抱自然、健康等时下潮流话题，打造创意营销内容和交互体验，助力品牌年轻化破圈，实现高效传播、有效触达不同消费群体。

除线上外，雀巢积极拓展线下传播场景，丰富消费体验。邀请消费者、媒体记者、业内专业人士到雀巢原材料采购地、工厂、培训中心等上游产业链参观，开展产品品鉴活动，提升消费者从农田到餐桌的全链条体验，探索产品背后的奥秘，增强消费者信任。

在助力云南咖啡全产业链发展的案例中，雀巢以“产业、产品、人”为出发点，融合“产地直播 + 纪录片 + 社媒传播”的线上数字化沟通和前往咖啡产地线下聚会等多方面价值传播渠道，完整展示了云南咖啡的品质发展，让更多消费者深入体验云南咖啡文化和生态，同时也提升了雀巢咖啡的品牌形象。

专家点评

雀巢助力云南咖啡全产业链发展的案例，是一次典型的整合营销的成功实践，展示了品牌通过深度产业链协同和多元化传播手段，成为乡村振兴的典范，诠释了商业向善的理念。

雀巢通过纪念与云南咖啡 35 年的合作历史，将品牌与高品质、可持续发展形象深度绑定。通过一系列活动，雀巢展示了对中国市场的深耕和承诺，彰显了企业在推动地方产业升级和可持续发展方面的领导力和社会责任感。

雀巢精准把握了消费者对可持续发展和健康生活方式的关注。通过荫蔽树种植和产地直播，让消费者直观感受云南咖啡的生态之美，激发了受众对可持续发展理念的认同和参与热情。

雀巢利用多种媒体渠道，形成线上线下全覆盖的传播矩阵，有效触达不同圈层的消费者。雀巢还注重与各利益相关方的深度链接，包括媒体人、咖啡师、咖啡专家和爱好者，甚至直接连接到云南的咖农。这种“人”的传播与沟通载体，不仅增强了活动的真实性和亲和力，也为品牌与受众之间搭建了紧密的情感纽带。

这种从产业、产品到人的全方位联动，不仅展示了雀巢对中国市场的深刻洞察，也是对可持续发展和社会责任的践行。此案例虽是品牌营销活动，但用较少的营销费用，对企业经营起到了“四两拨千斤”的作用。

（点评专家：孔晶）

“30 岁一切才刚开始”微博话题助力中国人寿品牌创新

中国人寿联合新浪微博策划组织“30 岁一切才刚开始”话题活动，通过系列海报、系列演讲、主题视频等多元传播内容，传递迎难而上的积极力量，成为企业联合媒体的公共关系优秀传播实践案例。

2023 年 8 月，中国人寿在新浪微博发起“30 岁一切才刚开始”话题活动，号召网友积极参与，提升话题热度。

2023 年，中国人寿集团旗下中国人寿保险股份有限公司迎来了上市 20 周年。8 月，为提升国寿品牌在 C 端客群及年轻群体中的知名度、好感度，中国人寿联合新浪财经策划组织“30 岁一切才刚开始”微博话题运营，制作了多期演讲系列视频——《30+ 平凡也是力量》，匹配 AIGC 系列海报等多样化内容，阐述 30 岁的人生也是一个新的起点这一主题，传达 30+ 人生的积极状态。

此话题活动中，4 位国寿营销精英分

别讲述了自己的 30+ 人生励志故事：《30+ 当我们谈论年龄》《30+ 平凡也是力量》《30+ 拥抱一切未知》《30+ 岁月皆为基石》，解读 30+ 人生感悟，打破年龄焦虑，发现人生更多可能性。“放下社会定义的时钟，我们可以拥有任何形态的 30 岁。年龄只是数字，不是束缚。”以国寿风采为年龄焦虑盛行的当下注入一剂“强心剂”，传递正能量。

邬旦梅在国寿的 27 年，经历了从懵懂到坚定的蜕变，经历了从为自己筑梦到为团队筑梦的转变，她成立了百万爱心助学基金，帮助孩子们解决读书之困。她在《30+ 岁月皆为基石》中阐述了自己对岁月和梦想的理解。

在姚飞眼里，年龄意味着改变和成长。从初出茅庐时的单枪匹马，到现在肩负责任，成为职场新人的精神支柱，年龄带给他职场身份的转变。他在《30+ 当我们谈论年龄》中讲述成长故事，展现一个普通人不普通的岁月魅力。

唐娟娟是国寿个险精英俱乐部最年轻的成员，也是一位自得其乐的幸福宝妈，年龄带给她更多的身份和标签，但“她”依然是“她”——直面年龄和

4 位国寿营销精英宣传海报（绘画版）

成长所带来的一切，36 岁依然是她的当打之年。唐娟娟在《30+ 拥抱一切未知》中说：“我想达到的，不是空谈理想，而是身体力行。”

黄建霞在快 30 岁时，接受并享受自己的“平凡”，而这份平凡也带给她放心脆弱、大胆迷茫的勇气。她在《30+ 平凡也是力量》中为大家讲述平凡而后勇的故事。真正能引起共鸣的梦想不必高大上，朴素的梦想照样能让自己充满力量。

通过本次微博话题活动，“30 岁一切才刚开始”两次登上微博热搜，微博话题阅读量高达 11.9 亿人次，讨论量突破 17.3 万人次，互动量超 44.3 万人次。《30+ 平凡也是力量》系列视频总播放量破 3526 万人次。其中，国寿精英系列视频播放量超 1652 万次。

本次活动由企业和媒体联手策划实施，在社会面引发热议与关注，向社会传达了人生任何阶段都应当迎难而上的精神，对处于人生低谷的群体形成正面激励，取得很好的传播效果。

一是提升了国寿品牌的公众亲密度，实现其公关目标。借助新浪微博社交平台，打造深具传播性的社会性话题及内容，化解社会群众对于年龄的焦虑，引发网友参与话题讨论与 UGC（User Generated Content，用户生成内容）内容产出，在 C 端用户中建立对国寿品牌的认知与好感。

二是利用微博大 V 曝光资源提升话题热度。通过微博热搜、新浪蓝 V 账号矩阵、国寿官方微博账号及头部 KOL 对系列视

活动收官期间制作收官长图，汇总活动亮点，形成二次传播。

频的集中宣推，形成破圈效应与高关注度。

三是弱化营销属性，使品牌内容更具传播价值。本次传播中的系列视频、海报、创意图组等物料均为纯品牌、纯情感向的内容表达，网友在高质量内容中自发对国寿品牌形成认同。

四是对国寿企业内部员工的精神面貌产生了积极影响。4 位国寿精英所倡导的 30+ 人生刚开始的理念，成为鼓舞中青年国寿人积极寻求职业突破的风向标。

背景资料

中国人寿保险股份有限公司是国内寿险行业的龙头企业。作为《财富》世界 500 强和世界品牌 500 强企业，中国人寿以悠久的历史、雄厚的实力、专业领先的竞争优势及世界知名的品牌赢得了社会客户广泛的信赖，始终占据国内寿险市场领导者的地位。中国人寿向个人及团体提供人寿、年金、健康和意外伤害保险产品，涵盖生存、养老、疾病、医疗、身故、残疾等多种保障范围，全面满足客户在人身保险领域的保险保障和财务管理需求。

中国人寿一直致力于打造世界一流的金融保险品牌，在努力提升产品和服务质量的同时，也深耕各类媒体领域的品牌传播与推广，通过与党媒央媒的深度合作提升品牌公信力与人群覆盖，通过联合社交媒体（如微博、微信、知乎等）提升其品牌亲密度与在年轻群众中的认知度。

中国人寿围绕“相知多年 值得托付”这一企业理念，其公共关系建设在“品牌建设”与“产品推广”两个领域均有建树。在“品牌建设”方面，中国人寿结合企业司庆、中秋、国庆等节点，推出“30 岁一切才刚开始”微博活动等内容导向的传播活动，将企业发展与个人成长联系起来，引发社会公众的强烈共鸣，从而提升对其品牌的好感度。在“产品推广”领域，中国人寿推出616客户节等此类系列活动，将寿险产品与公众的健康进行强关联，在传播形式上原创微综艺等趣味内容，潜移默化地进行产品宣传。

中国人寿在品牌建设领域的众多项目成为行业标杆，致力于用高质量的原创内容，在品牌传播的同时，传播社会主义核心价值观，实现企业效益与社会效益的双赢。

本次选送案例——“30岁一切才刚开始”话题活动将国寿人的个人成长与企业的发展深度绑定，在微博上发起同名话题，引发社会公众对于30岁这一年龄阶段的探讨，传达出“30岁一切才刚开始，30岁以后的人生依然充满无限可能”这一积极理念。

传播形式上，此次话题活动结合了高质量原创系列视频、创意海报、微博话题活动等多种形式，相对传播宣传片的单向输出，这些社交类内容具有更强的互动性与参与性，将更广大的社会公众纳入到品牌共建中。

专家点评

时代的列车呼啸前行，世人的迷茫和困惑却越来越多，年龄焦虑在当下愈发盛行。中国人寿借旗下寿险公司上市20周年之机，联合新浪财经策划组织了“30岁一切才刚开始”微博话题活动，多期演讲系列视频以及AIGC系列海报等多种多样、不同形式和内容的公益活动与产品，借助新浪微博这一影响巨大的社交平台，探讨年龄焦虑这一深具传播性和社会性的话题，以纯感情向、弱营销化的内容表达，加上多元化传播，阐述30岁的人生只是一个新的起点的积极人生态度。四位国寿营销精英分别讲述自己的30+人生励志故事，突显了人生任何阶段都应当迎难而上的积极心态，对处于人生低谷的群体形成正向激励。此次活动引发了网友的广泛参与和深入讨论，更因利用微博大V资源点燃了话题热度，不但提升了国寿品牌的公众亲密度和品牌认同感，也对企业内部员工的精神面貌产生积极影响，取得了很好的社会效益和宣传效果，成为企业联合媒体的公共关系优秀传播实践案例。

（点评专家：安峰山）

工体换新 中赫集团打造首都文体公益新地标

中赫集团依托改造复建的新工体和火热亮相的重大比赛，积极开展系列公关活动，不断助力体育公益，推动城市体育文化发展。多家央媒跟进报道，全网报道阅读总量超百万，引领和带动了更多体育从业者深度参与社会公益事业。该系列活动实现了以公共关系连接体育文化与公益传播，打破了行业与领域的界限，也让新工体成为首都文体公益的新地标。

北京工人体育场始建于 1959 年，是首批北京十大建筑之一。截至 2019 年，60 年间，工体先后承办过全运会、亚运会、奥运会等国内外体育赛事，伴随了三代人的成长，其存在的意义已超越了建筑本身。2023 年，改造复建后的北京工人体育场（以下简称“新工体”）重归大众视野。历时两年多，北京工人体育场改造复建项目足球场主体工程建设任务完成，新工体成为全国首批、北京首座国际标准专业足球场。

作为工体改造复建项目的牵头方，中赫集团依托新工体升级的软硬件设施，以及开放的赛场、火爆的比赛日氛围，通过旗下社会责任品牌“中赫公益”，联手社会各界成功举办了十余场公益活动，内容涵盖扶残助残、乡村振兴、关爱儿童等不同类型，受益人群广泛。新工体已成为具备广泛影响力的首都文体公益新地标。

在多场公益活动中，有几批特别的小球迷们现场感受了 2023 年赛季中超赛场的火热氛围，亲身体验了竞技体育所带来的热情。例如，在 6 月的中超赛场，40 名来自青海省玉树州儿童福利院的藏族青少年走进新工体——北京国安足球俱乐部的主场，完成了一次特别的体验。作为边远地区的小朋友，这群热爱足球的少年平时经常在一起踢球，但却从来没有机会现场观看一场真正的足球比赛。于是，中赫集团、北京国安和中赫工体为孩子们精心安排了新工体圆梦之旅。当身着民族服饰，有着黝黑皮肤、明亮眼睛的藏族球童牵手球员出现在赛场时，小朋友们的身影顿时吸引了全场目光。入场前，球

青海玉树藏族青少年与北京国安球员合影

2023 年 7 月，中赫国安杯冠军球队小球员巡场接受球迷欢呼。

场大屏播放着玉树青少年主题视频，环形 LED 屏幕用中文和藏文展示着一个个藏族孩子的名字，现场不断地响起呐喊和欢呼。

7 月，在中超第 15 轮的赛场上，新工体又迎来了一批特殊的客人，来自贵州黔西南州的 34 名小球员。他们是北京市公安局定点帮扶支教贵州省黔西南州青少年校园足球夏令营的小队员们，带着自己的足球梦，他们来到新工体参观游学，享受属于他们的梦幻足球之旅。他们不仅亲临新工体体验了中国足球顶级联赛魔鬼赛场的火爆氛围，也充分感受到了足球运动的美好和欢乐。

中赫作为北京国安俱乐部全资股东和新工体牵头运营方，积极开展公益活动，充分利用体育和地标作为载体和平台，不断踊跃尝试践行社会责任。自新工体正式亮相起，至 2023 年底，场馆内已举办 12 场参观及观赛公益活动，受益人数近 500 人，最远跨越 2500 公里，覆盖全年龄段人群（其中最年长的 65 岁，最小的 5 岁），获得了全社会的广泛关注和极佳口碑。

2023 年 7 月，贵州黔西南州青少年校园足球夏令营队员们与国安少训球员混合编队训练。

2023 年“新工体——首都文体公益新地标”系列活动贯穿全年，获得媒体高度关注，相关报道、转发近 3000 篇，全网阅读总量超百万。中赫集团通过运营俱乐部，同时开发拓展一系列资源，不仅让足球屡屡破圈，还赋予了竞技体育更多赛场之外的魅力与温度，透过公益践行社会责任，为整个行业树起了标杆。该事件通过现象级的传播，引领和带动了更多体育从业者深度参与社会公益事业。中赫也利用“北京国安＋新工体”的强大 IP 资源，持续、精准地践行社会责任，为国内企业树立了良好的榜样。

“新工体——首都文体公益新地标”活动作为企业公共关系的案例，主要有以下亮点。

一是延续并加强了工体首都地标的公益属性，利用公众对于工体这一公共建筑的强认知，吸引社会各界对于新工体相关公益活动的关注，引发用户间的口碑再传播，同时通过活动中“中赫公益”“北京国安”的品牌露出，提升了大众对相关品牌的好感度。

二是善用合作伙伴的影响力扩大传播效果，既降低传播成本，又实现跨行业、跨领域的出圈传播，如与中国新闻社紧密合作，促成“青海玉树藏族青少年北京行”等公益活动成功落地新工体。本次活动得到了包括《人民日报》、新华社、中央广播电视总台、中新社、《中国青年报》、北京电视台、《北京日报》、《北京青年报》、《新京报》等中央及地方主流权威媒体高度关注，并在外交部有关领导的海外社交媒体账号转发助力下成功破圈，在海外社交媒体引起广泛关注及热议，我国大量驻外使领馆社媒账号均对这一事件热切关注，并通过原发或转发的方式进一步加大了该活动及新工体在海外的曝光量。

三是针对不同类型的受众群体，精准对接需求，量身打造具有创新性的定制化活动内容，收到了良好的活动反馈，塑造了正面的品牌形象，如国内首次邀请视障足球迷参与的“心目观赛”公益活动获得了新华社、中央广播电视总台、北京广播电视台、《北京日报》等权威媒体的深入报道。

2023 年 6 月，“心目观赛”助残公益活动中，视障朋友感受中超赛场。

背景资料

中赫集团有限公司创立于 2005 年 9 月，以地标级项目和头部体育 IP 等核心资产为依托，集体育、文娱、商业和科技等核心资源于一体，以新商文体运营为核心竞争力，携手合作伙伴探索、开辟更多可能性，致力于成为新业态平台的构筑者，数实融合新经济的引领者和美好生活需求的提供者。

作为一家成立十九周年的民营企业，在公关创意和价值传播领域，中赫始终将自身发展与承担社会责任相结合，整合集团优势资源，积极投身公益事业，致力于教育、足球普及、扶残助困等领域的捐赠与援助，努力为构建和谐社会贡献自己的力量。在制定有针对性的公关策略的同时，中赫也在不断加强公共关系能力建设，高质量地开展公共关系活动。

2023 年 11 月，朝阳实验小学师生参观新工体。

2018 年，中赫支持旗下北京中赫国安足球俱乐部联合北京市教委，共同启动“小比赛·大梦想”校园足球普及项目，创新性地将自由的小场地足球比赛推广到了北京市百余所小学。2023 年，中赫借工体换新积极与各类合作伙伴建立联系，共同组织了一系列公益活动，通过各合作方的资源和渠道优势，实现了传播效果的倍增。其中，中赫联合北京市心目助残基金会共同举办了“心目观赛”公益活动，首次组织国内视障足球迷集体走进中超联赛的赛场。这种创新性的活动形式不仅为特殊群体提供了参与社会生活的机会，还展现了企业的人文关怀和创新能力，吸引了多家权威媒体的深入报道。

2024 年，北京工人体育场通过资质审核、现场答辩、专家实地调研、学校体验评估四个环节，经过专家评审、上会讨论，被选入 2024 年北京市朝阳区中小学生社会大课堂资源单位。通过资源整合与利用、精准对接与定制化服务以及媒体关系与舆论引导等措施，中赫不仅提升了企业的知名度和美誉度，还为企业的可持续发展奠定了坚实的基础。

北京工人体育场是北京乃至中国体育文化的重要象征，能够承担此次工体改造复建以及后续运营的艰巨任务，中赫深刻感受到企业在城市和社会发展中应有的责任感和使命感。经过全面翻新与升级，工体焕发出了新的生机与活力，中赫也借工体换新打造首都文体公益新地标的过程，展现了企业在文化传承、社会责任、文体融合等方面的卓越能力和创新精神。在未来的发展中，中赫将继续秉持这些理念和精神，为首都乃至全国的文体事业和公益事业作出更大的贡献。

专家点评

在超级激烈的中超赛场上展现超级温情的品牌公益！2023 年在北京国安的全新主场，通过中赫公益贯穿全年的系列公关活动，人们感受到了这种铁血与柔情的融合绽放。

“新工体，御林军，国安永远争第一”，中赫与国安在日益升温的中超赛场上从来不缺乏话题与关注，从老到新的工体从过去到未来都注定是北京耀眼的地标。打造“北京国安 + 新工体”的品牌 IP，人们自然而然会想到在“更高、更快、更强”的体育竞技精神上再添一把火，未曾想中赫另辟蹊径地建立了“新工体——首都文体公益新地标”的品牌公益定位，让青海、贵州的足球少年体验中超盛宴，让视障球迷体验“心目观赛”，使赛事的热度中激昂着品牌的温度。2024 年，从新工体永久保留逝去球迷的座位可以看出，这种品牌公益依旧温暖人心。

（点评专家：顾环宇）

03

多方合力 全球影响

企业走出国门篇

东方航空 C919 商业首航收获现象级传播

C919 商业首航，全球瞩目。中国东方航空公司审时度势，主动谋划，借助执飞国产大飞机 C919 历史契机，全方位、立体式、多层次挖掘展现了东航 C919 商业首航的意义，呈现出中国民航事业高质量发展的新气象。这是一次成功的公关案例，也是公共关系服务高质量发展的生动实践。

2023 年 5 月 28 日上午 10 时 32 分，中国东方航空使用中国商飞全球首架交付的 C919 大型客机，执行 MU9191 航班，从上海虹桥机场起飞，飞往北京首都国际机场，开启这一机型全球首次商业载客飞行。近 130 名首航旅客“抢鲜”感受了东航 C919 带来的空中之旅。中午 12 时 31 分，MU9191 航班安全落地北京首都国际机场，随后穿过象征民航最高礼仪的“水门”，广大旅客、民航工作者共同见证 C919 成功商业首航。

C919 商业首航当天，央视 4 个频道、超 10 个电视新闻节目同步全景式报道，《新闻联播》播出专题新闻；《人民日报》头版、新华社、路透社、《华尔街日报》等国内外 500 余家主流媒体报道超 1500 篇次；一周内各类报道近 8 万篇次。《华尔街日报》第一时间发文评论称，C919 商业首飞“意味着波音和空客几十年来的‘双头垄断地位’在中国市场受到了挑战，尽管这一挑战规模尚小，却颇具象征意义”。此外，另有东航“特色餐食”等话

东方航空 C919 商业首航

题内容报道超 2 万篇次，总阅读量超 9 亿。从传播效果来看，C919 商业首航引发全网热议、全民点赞。

东方航空围绕国产大飞机 C919 首航做足文章，开展高站位策划、高质量传播，精准把握“时、度、效”，聚焦“首航意义”“四个飞出”“骄傲见证”等话题面向全球，展现中国民航、中国东航高质量发展新气象。首航宣传获得话题流量双丰收，通过央视多频道在首航当日推出全景式报道，国内外数百家知名主流媒体报道逾千篇，相关话题占据各类社交媒体热榜热搜。

首先，多议题设置把握传播高度。围绕“好飞机是造出来的也是飞出来的”，聚焦“首航意义”“四个飞出”“骄傲见证”，以服务品牌持续提升助推民航市场有序恢复和高质量发展。央视新闻在首航当日进行了全程直播，此次飞行不仅展示了 C919 的优越性能和舒适度，也标志着中国自主研发的大飞机正式进入商业运营阶段。《人民日报》在 2023 年 5 月 29 日头版刊文称，该航班标志着 C919 圆满完成首次商业航班飞行，正式进入民航市场。《新京报》在《数说｜国产大飞机 C919 成功商业首飞的意义》中提到，从 2009 年提出研制计划，到 2023 年 5 月发布商业飞行计划，C919 一路走来的每一步都是国内航空产业前进的一大步。回望世界各国，伴随国力崛起和科技、经济实力的提升，发展民用航空都是必行之路，C919 的正式商业飞行，不仅让全球航空公司多了一个选择，在保障国家安全、强化国家科技实力、带动国民经济发展方面也将发挥深远影响。

其次，多视角切入营造舆论氛围。通过多话题联动引导舆论走向，吸引媒体、公众延伸关注“中国风”“挥舞国旗”“特色餐食”“机票热销”“上海品牌”“四精服务”等体验话题和“大飞机发展历程”“上海打造产业集群”等厚重内容报道。有多家媒体在报道中展现了 C919 商业首航过程中的生动细节。例如，飞行途中，旅客们在机舱内挥舞着国旗，齐声高唱《歌唱祖国》。细心的旅客发现，飞机上的餐食是 C919 首航专属款，布丁蛋糕上是一块有首航飞机标识的巧克力。

第三，多层次扩散突出中国民航特色。东航邀请中央电视台、《人民日报》、新华社等中央、地方共计 60 余家媒体参与报道，并结合中国民航特点、东航特色，精准投放给不同的媒体和受众。在传播内容中，既有东航负责人的权威表态，也有行业内专家的评价。中国东航党组成员、副总经理介绍，后续随着 C919 的陆续引进，该机型将会被逐步投放到更多的国内干线，飞出安全、飞出志气，更努力飞出品牌、飞出效益。接受《环球时报》记者采访的多名专家认为，首航成功标志着 C919“研发、制造、取证、投运”的全面贯通，中国国产大飞机民航商业运营正式起步，中国民用航空产业也翻开新的一页。同时，一部分记者作为首航乘客，在记录 C919 首航细节的同时，也记录下首航乘客的真实感受。许多乘客接受《环球时报》记者采访时说的最多的几个词是：无比骄傲、自豪、梦想成真。

最后，此次事件传播成效显著，公众对东方航空的公关认可度明显提高。东航在收获现象级传播的同时，也加深了大众对东航服务理念的认识和对国产大飞机 C919 的喜爱，为东航 C919 大规模商业运营提供了成功的实践样本。当日首航话题占据微博、抖音等社交媒体热搜热榜。全民爱国热情高涨，以点赞商业首航相关内容表露出对美好生活的向往，也更坚定了推进中国式现代化的信心和决心。民航人也在掌声中进一步汇聚推进中国民航事业高质量发展的磅礴力量。

背景资料

中国东方航空股份有限公司总部设于上海，是中国三大航空公司之一，其历史可追溯到 1957 年 1 月新中国成立后上海诞生的第一支飞行中队——民航上海管理处飞行中队。在 60 多年的发展历程中，责任和担当是伴随东航成长发展的信仰和动力，东航始终是一支践行航空报国、勇担社会责任的民航“国家队”，获得社会的广泛认可，荣获一系列奖项和荣誉。

通过不断调整架构及整合资源，东航已发展出了以航空运输和物流为核心业务的综合服务体系，辅以多元化的业务，包括航空物业、航空金融、广告媒体及免税品、航空餐饮等等。

东航致力于服务国家及民生，推动经济及社会发展，改革开放，配合“国家、经济效益和社会福利”的发展不断努力。自 2011 年以来，东航顺应世界民航业发展潮流，制定了“从传统航空客运发展为现代综合航空服务供应商”的发展方针，加快国际化和产业链的布局，不断追逐将东航发展成世界级航空公司的“东航梦”。

专家点评

东航借助执飞国产大飞机 C919 商业首航这一历史契机，精心策划并实现了两个传播目标：一是东航执飞全程提供的高质量服务把中国民航可亲、可信、可靠的良好形象推向了新高度，二是为公共关系服务新质生产力发展提供了新经验。

不过，案例所称“现象级传播”，主要还是从传播数量上来说的。由于C919商业首航是举国关注的事件，所以各级各类媒体蜂拥聚焦也在意料之中。媒体多，发稿量就大，“现象级”自在其中。案例中，“东航开展高站位策划、高质量传播，精准把握‘时、度、效’，聚焦‘首航意义’……”以展现新气象，基本上也是宣传思想文化工作、新闻舆论工作中的通行做法。

深入考察东航执飞C919商业首航全过程，则给人以新的启发，形成了依托公关理论宣传重大科技成果的崭新认知。通常，我们把公共关系理解为使两个及以上主体之间相通互信达到合作共赢状态的社会活动。如果把这种沟通放在更广阔范围，尤其是国际范围来考察，则不难发现，在当今世界发展格局中，像研发C919这样重大的科技成就，是实现公共关系目标极为重要的因素。顶级的科技成果，就是发言权、话语权。虽然东航的C919商业首航好吃好喝充足、空中服务一流，真正有价值的还是科技发展本身。从这一点上说，如何发挥公关理论的优势做好科技宣传，仍然有进一步发掘的空间。

（点评专家：顾勇华）

助力国家形象建设
中交集团讲好“一带一路”故事

中交集团作为全球领先的特大型基础设施综合服务商，拥有多个“世界第一”。“大就要有大的样子”，中交集团心怀“国之大者”，在共建“一带一路”过程中，积极运用新时代公共关系理论与实践，将企业声誉传播与公共外交相结合，精心策划、精准实施系列传播活动，全方位、多层次地向世界展现中国企业的实力与担当，以负责任的企业形象助力国家形象建设。

作为第一批走出国门的中国企业，中交集团在共建“一带一路”倡议提出十周年之际，策划系列传播活动，积极讲好中国故事，塑造中国形象，充分体现了中国企业的责任担当、国家情怀。

该系列传播活动覆盖全球。作为“一带一路”的拥护者、参与者和贡献者，中交集团以“繁华丝路·交筑美好”为主题，策划 2023 年系列传播活动，活动覆盖亚洲、非洲、欧洲、北美洲、南美洲、大洋洲六大洲 110 余个国家。活动相关海内外报道超 2 万篇，传播量突破 21 亿次。中交集团针对不同目标受众，策划传播方案，开展外国使节、外国媒体、外国青年、外国民众、外籍员工看中交系列活动，先后举办超 30 场主题开放日活动，邀请 110 余位驻华使节、370 余位外国记者等群体走进中交项目，深度了解中交在“一带一路”建设中的成果及贡献。

该系列传播活动中，中交集团聚焦“小而美”的故事。聚焦“连心桥、致富路、发展港、幸福城、清洁电”等中交优质产品服务，围绕社会责任、文明交流、绿色发展、传播中华文化等多个主题，通过多元视角、多维渠道讲好“小而美”的故事，打造绿色发展先行者、社会发展贡献者形象。例如，在克罗地亚佩列沙茨大桥及其连接线项目建设期间，项目组创建环境友好型绿色工地，最大程度保护海洋生物，并开展绿色施工宣传教育工作，建设完工后，当地的生态环境受到良好保护，生蚝产量不降反升。据了解，大桥旁边的小斯通湾是克罗地亚著名生蚝产地。当地养殖户说，在大桥修建之初，他们曾担忧项目会影响生蚝品质和产量，但事实证明，由于中国企业始终坚持最高环保标准，生蚝产量和品质完全没受影响，反而因为大桥的建成而打开了销路。在马来西亚东海岸铁路项目（简称“马东铁项目”）中，东海岸衔接铁道填补了马来半岛东西岸没有铁路贯通的空白，当地村民热切盼望铁路开通后，乘坐火车去吉隆坡看看。8 岁的马来小女孩娜佳面对镜头，用稚气的声音讲述项目为她和她家人生活带来改变的故事。马东铁项目为马来西亚及周边国家创造了超过 1.8 万个就业机会，招录属地员工累计超过 6500

中交集团打造的克罗地亚佩列沙茨大桥联通克罗地亚两岸。

在深中通道伶仃洋大桥，邀请外国记者嘉宾云端漫步，挑战世界最高海中猫道。

人次，合作的当地企业超过 1900 家，将为属地培养 5000 名铁路人才。

该系列传播活动中，中交集团持续创新传播手段。积极运用全球直播、体验式传播等传播手段，如在深中大桥（原名“伶仃洋大桥”），邀请澜湄六国（中国、缅甸、泰国、老挝、柬埔寨、越南）媒体台长、总编辑、资深记者等云端漫步，挑战世界最高海中猫道。登上大桥桥面后，各国记者纷纷为中国桥梁建设竖起大拇指。柬埔寨新闻部顾问、柬埔寨新闻社国际合作总监乔·占达拉说：“这是我第一次来中国，也是第一次见到这么大体量的桥梁项目，感觉非常震撼！湄公河上有很多桥梁都是由中国建造，相信未来中国有机会在柬埔寨修建更多桥梁。”缅甸《环球新光报》总编辑昂杜亚表示：“尽管此前在报纸、网络上看到了很多关于中国桥梁的报道。但第一次来到中国，亲眼见证这样伟大的工程，还是让我感到无比兴奋和震撼！”在成都锦江，中交邀请来自拉美地区 13 国记者在世界最大绿道系统骑行，签下“城

2022 年 9 月，来自十多个国家的外国记者团在中交天航局打造的成都锦江绿道上骑行。

市婚书”。活动直播在海外引起广泛关注，《人民日报》、中国常驻联合国代表团、中国驻意大利大使馆、驻印度尼西亚大使馆、驻菲律宾大使馆、驻苏丹大使馆、驻墨西哥大使馆、驻巴哈马大使馆、驻马赛总领馆、驻大阪总领事薛剑等海外社交媒体账号纷纷转发，直播视频播放量累计超百万。一年以来，中交集团先后举办 6 场大型全球直播，在多个海内外社交媒体矩阵同步发布，引发网友及各国网红博主关注与热议。

在传播活动中，中交集团注重公共关系体系建设，并令其发挥自身独特作用，成功赋能国家形象建设。与此同时，中交集团以共建国家民生需求为导向，开展“繁华丝路·交筑美好”系列活动，促进文明交流互鉴，连续十余年发布社会责任报告，为当地增加就业超 10 万人次，培养了数万名产业技术人才。相关活动成果受到多国驻华使节、官员盛赞，中国外交部“外交天团”点赞转发，受到人民日报社、新华社、中央广播电视总台等中央主流媒体及美国美联社、澳大利亚联合新闻社、日本朝日新闻社等海外主流媒体报道。通过影响有影响力的人，来传播有传播力的故事，真正形成舆论同频共振、奏响多声部合奏，打造了丰富的优秀传播精品案例，在全球进一步彰显了中国企业负责任、有担当的形象。

背景资料

中交集团是全球领先的特大型基础设施综合服务商、最早走出去的中国企业，连续 18 年位居 ENR 全球最大国际工程承包商中国企业第一名，与 157 个国家和地区开展实质性业务合作，是目前世界上最大的港口设计建设公司、最大的公路与桥梁设计建设公司、最大的疏浚公司、最大的集装箱起重机制造公司、最大的海上石油钻井平台设计公司。

在深入公共关系价值传播的过程中，中交集团始终以习近平文化思想为指引，始终胸怀“国之大者”，将公司公共关系工作置于国家整体形象塑造大局中通盘考虑、谋划推进、系统提升，以负责任的中交形象助力国家形象塑造。

一是争当美好生活创造者。践行“一带一路”倡议，积极推进基础设施互联互通，为驻在国民众提供更美好生活体验的同时，擦亮“中国路”“中国桥”“中国港”“中国城”“中国电站”等中国名片，打造了以中马友谊大桥、肯尼亚蒙内铁路、巴基斯坦瓜达尔港、斯里兰卡科伦坡港口城、哈萨克斯坦玛依纳水电站为代表的“连心桥”“致富路”“发展港”和“幸福城”“清洁站”。

二是争当科技发展引领者。积极践行科技强国战略，坚持高水平科技自立自强，不断加强“卡脖子”领域攻关。作为国际建筑智慧联盟战略咨询委员会首位中国代表，牵头制定发布十项挖泥船、起重机和水运基础设施 IFC 国际标准，推动中国标准走向世界。

小鹿在中交集团打造的装有声屏障的肯尼亚内罗毕国家公园特大桥下穿行。

三是争当绿色发展先行者。积极践行绿色发展理念，优化绿色低碳转型发展的战略布局，推进保护生物多样性。中交集团援建的埃塞俄比亚河岸绿色发展项目荣获 ENR“全球环境类最佳项目奖”。

四是争当社会发展贡献者。积极践行共建人类命运共同体的发展理念，在全球开展“中交助梦”行动，连续十余年发布企业社会责任报告，带动驻在国数十万人次就业。中交员工张林在坦桑尼亚空难中勇救当地幼儿，受到坦桑尼亚总理亲切慰问，该事件入选“2022 年度央企十大暖镜头”。

五是主动开展公共关系价值传播活动。以港珠澳大桥、深中通道、马来西亚东部铁路等重大工程的关键节点为传播窗口，创新开展一系列有特色、有声势的主题传播活动。以深中通道通车为契机，举办全球直播系列报道，吸引 900 余家媒体参与报道，央视多栏目多平台滚动报道超 300 次，获 20 多个互联网平台热搜，创造 90 多亿影响力，海内外网友盛赞中国发展奇迹。

未来，中交集团将与各界携手合作，努力创作更多更有影响力传播力生命力的公共关系案例和作品，共同推动公共关系行业高质量发展。

专家点评

中交集团讲的“一带一路”故事，是重要的国际传播。

在国际传播中，大家都说“要讲好中国故事”。然而很多时候，这被理解为“以讲故事的方式做传播”，较少谈及如何讲故事。对此，习近平关于新闻舆论工作的重要论述中有深刻阐述：“在宣传方面，西方国家是很有一套的……做‘看不见的宣传’。他们的策略是，上乘的宣传看起来要像从未进行过一样。最好的宣传应该是能让被宣传的对象沿着你所希望的方向行进，而他们却认为是自己在选择方向。”中交集团讲“一带一路”故事聚焦“小而美”，是洞悉做“看不见的宣传”的要义，形成了别具一格的叙事方式，宣传效果良好。

2012年，时任国家副主席的习近平访问美国时，讲了一个“鼓岭故事”，这就是一个精彩的“小而美”的故事。故事“小”，依托的背景却不小，是一段重要的历史。中交集团故事的“小”，依托的是中交集团在推进“一带一路”中的重大贡献。故事并不渲染这样的贡献，如“克罗地亚佩列沙茨大桥及其连接线项目”与“生蚝产量不降反升”，把建设项目与生态保护的想象空间留给“被宣传的对象”，这是新时代公共关系“大音希声”的魅力所在，也是深谙宣传之道的高明方略，极具推广意义。

（点评专家：顾勇华）

中国石化成功打造中国地热高光时刻

实现绿色低碳和可持续发展是当今世界普遍关注的主要议题之一。中国石化以承办 2023 年世界地热大会（WGC2023）为契机，通过大会普及地热资源知识，搭建国际交流平台，促进中外沟通协作，用优质的公共关系活动为推动中国地热产业在国际上的影响力贡献了“石化力量”。同时，加强策划、创新表达、主动传播，策划地热科普公益展，组织主流媒体深入一线采访，发布首部国际地热行业标准，让中国声音洪亮而悦耳，打造“中国地热高光时刻”。

2023 年 9 月，由中国石化承办的 2023 年世界地热大会在北京国家会议中心成功举办。作为“地热界的奥林匹克”，大会聚焦“清洁地热、绿色地球”主题，围绕技术创新、产业发展、互利合作等方面深入研讨交流，举办了开幕式、欢迎晚宴与文艺表演等多场活动，组织了 88 场平行论坛、地热展览及 4 场赞助商活动、4 项地热科学考察，吸引了全球 54 个国家的 1400 余名代表参会、237 家企业参展，签署了 16 项合作协议，发布了首部国际地热行业标准《中国地热供暖推荐做法》和《北京宣言》，有力推进全球地热产业加速发展。

大会筹备和举办期间，中国石化加强系列策划，着力讲述深化产业协作、推进地热资源高效开发利用的动人故事，利用“中国地热高光时刻”大力开

2023 年世界地热大会参会代表签到并入场。

展中国绿色低碳发展之路的国际传播。

一是深度聚焦，打造精品活动。据报道，作为北京 2023 年世界地热大会的一项重要预热活动，中石化策划举办了中国首个地热科普展——“拥抱双碳，共赢未来”地热科普公益展，有效地展示了中国石化地热产业的发展成果，旨在通过地热公益科普，助力中国实现“双碳”（碳达峰、碳中和）目标。中国国家能源局总工程师向海平指出，地热能开发利用正当其时、大有可为。他希望借地热科普展等多种形式，营造全社会参与低碳发展的良好氛围，助力绿色低碳实现系统化、社会化、全民化。中国石化股份公司高级副总裁表示，中国石化将积极推进化石能源洁净化、洁净能源规模化、生产过程低碳化，持续做强做优做大地热产业，普及地热知识，为中国地热产业高质量发展作贡献。

二是拓展空间，丰富媒体矩阵。积极利用互联网平台直播，邀请时任冰岛总理雅各布斯多蒂尔、时任国际地热协会（IGA）主席安迪·布莱尔等录

2023 年世界地热大会举办的地热论坛

制大会祝福视频或专题采访视频在互联网发布，通过新华网、光明网、中国石化新媒体平台及大会官网等多平台对世界地热大会开幕式及闭幕式进行直播，直播观看人数达 506 万人次，互动点赞 28 万人次。37 家媒体、55 名记者进行了现场报道，相关境内网络信息达 1.2 万条，境外新闻 1579 篇，形成了“话题级”传播现象。

三是创新方式，坚持多元传播。将新闻传播与科学普及紧密连接，积极探索漫画、动画等传播新载体。制作 6 部专题卡通动画——《来，找我呀！》《见个面吧！》《“小宇宙”在燃烧》《返回老家》《我的新团队》《智能无所不能》，讲清楚地热资源分类、开发利用过程和所具备优势；与混知财经、澎湃新闻等联合制作地热科普知识。这些作品在传播过程中引发了积极的社会反响，带动了更多人关注和参与地热能及可持续能源的讨论和推广。

四是深化国际地热合作，推动全球可持续发展。与 IGA 等国际机构、海外专家学者深化沟通、达成共识，大会期间签署了 16 项合作协议，发布了首部国际地热行业标准《中国地热供暖推荐做法》和《北京宣言》，为全球地热行业可持续发展提供借鉴。依托 WGC2023，通过邀请国际嘉宾进行参会动员、活动组织，与国际可再生能源署、全球地热联盟等多个机构和企业建立了联系。中国石化“朋友圈”再扩大，地热事业迎来新机遇。

五是主流媒体一线探访，影响力持续提升。策划实施“媒体走进中国地热”采访活动，组织主流媒体深入一线挖掘地热能开发利用的社会、经济、技术素材，展示地热魅力，形成一批权威深度报道，受到国务院、全国政协、有关部委、地方政府以及行业专家关注和认可。

六是科普活动引热议，媒体报道持续升温。举办的地热科普公益展登上“学习强国”相关专栏，累计接待观众超过 40 万人次，获评“2022 年全国科普日优秀活动”。三大中央媒体连续 3 天持续报道，《人民日报》在要闻版、国际版连续 2 天发布 3 则相关新闻。路透社、美通社等海外媒体对

2023 年世界地热大会开幕式现场

WGC2023 和我国清洁能源发展进行了正向报道，英国《每日邮报》、美国消费者新闻与商业频道（CNBC）、雅虎、新加坡 AsiaOne、韩联社等媒体转载量达到 1579 篇。

本次世界地热大会获国内外政界高层盛赞。公共关系建设成果显著。国务院领导出席 WGC2023 并表示，“本届大会探讨地热能技术创新产业发展之路，共商深化合作之策，具有重要的现实意义”。北极圈论坛主席、冰岛前总统格里姆松称赞“本届大会是中国地热转型的里程碑，更是可再生能源发展的里程碑”。前国际地热协会主席布洛格指出，“很多地热界老朋友向我反馈，本届大会是历届最精彩的大会”。

背景资料

中国石化是上下游、产供销、内外贸一体化特大型能源化工集团公司，是中国最大的成品油和石化产品供应商，世界第一大炼油公司、第二大化工公司，加油站总数位居世界第二，近年来在《财富》世界 500 强企业排名中始终位居前列。2023 年世界地热大会举办期间，作为承办单位，中国石化举办了包括主旨报告、88 场平行论坛等在内的多场交流会议，以及地热科普展览、地热科学考察等在内的多场周边活动，以丰富多彩的公共关系活动助力打造“中国地热高光时刻”。

在公共关系建设方面，中国石化突出重点，开展了一系列工作。一是聚焦重大事件、展现央企担当。中国石化坚持在重大社会事件中优先履行好社会责任，积极做好化解重大矛盾、帮扶弱势群体等一系列工作，如在新冠疫情初期跨界驰援口罩生产，在冬季等用能高峰期加强保供工作等，达到了缓解恐慌、正向引导、安抚民心的良好效果。二是聚焦品牌建设、强化传播效应。中国石化积极主动搭建企业与社会公众沟通的桥梁，组织下属企业在全国百余座城市持续开展“公众开放日活动”，邀请周边居民、学生、政府官员、媒体记者等走进企业，实地参观企业生产装置、控制中心、污水处理中心，树立了中国石化积极践行习近平生态文明思想、推动绿色低碳转型发展的央企形象。三是聚焦应急处突、完善工作机制。中国石化结合企业实际，加强公共关系理论研究，注重优化新闻发言人模式体制，分门别类形成应对模块和应急预案，明确提供行之有效的解决方案，全面提升处置实效。

专家点评

“给中国一个机会，还世界一届精彩的奥运会”，2008 年北京奥运会作为奥运史上最为成功的一届奥运会，是中国近代以来最佳的一次国际公关，也是向世界展示中国、让世界了解中国的一次绝佳机会。中国石化充分利用承办“地热界的奥林匹克”——2023 年世界地热大会的机会，把它办成普及地热资源知识，搭建国际交流平台，促进中外沟通协作，推动中国地热产业发展的“历届最精彩的大会”，打造了“中国地热高光时刻”。这届大会充分诠释了：一届精彩盛会＝精品活动＋多元传播＋公益科普＋媒体矩阵＋国际合作＝成功国际公关。为此，他们加强宣传策划，精心组织活动，组织媒体采访，开展科普活动，丰富媒体矩阵，创新传播方式，出台行业标准，达成合作协议，深化产业协作，推动国际合作，扩大了中国石化的朋友圈，使大会成为一次十分成功的地热界国际公关活动。

（点评专家：安峰山）

中国建筑专题片《十城记》跨文化寻求共识

全球化视野下，如何在跨国与跨文化背景中寻找“公约数”？如何呈现中国式现代化在世界发展中的作用？中国建筑与环球网联合策划《建证城市新生·十城记》十集多语种融媒专题片及海外传播活动，专题片带观众走进“一带一路”沿线十个参与城市，海内外总传播量达 4827 万，体现了公共关系传播在树立企业形象、讲好中国故事中的重要作用。

《建证城市新生·十城记》十集多语种融媒专题片主题海报

2023 年 3 月至 10 月，中国建筑与环球网围绕联合国可持续发展目标积极参与全球城市发展议题讨论，联合策划《建证城市新生·十城记》（下文简称《十城记》）十集多语种融媒专题片及海外传播活动。其间，他们走进位于“一带一路”沿线的开罗、吉达、阿尔及尔等十个城市，以发展中国家普遍关切的城市发展问题为“小切口”，聆听 15 位中外籍员工和当地民众的真情讲述，围绕“对于城市来说，什么是幸福空间”同题共答，一期一城阐述一种幸福变迁，着力呈现中国发展经验和中国式现代化模式助力全球发展的积极作用。

《十城记》专题片分享了十个中国建筑在共建国家应用中国经验、因地制宜建设工程助力发展的案例故事，包括刚果（布）国家一号公路串联起全国 65% 的人口、沙特吉达保障房助力解决当地低收入人群的住房问题等，通过中外籍员工和当地民众面对城市发展问题的共同关切、所思所感，展现共建“一带一路”带给沿线人民的获得感，也展示了中国智慧和中国方案为全球发展带来的生机与动力。同时，专题片紧密结合联合国可持续发展目标，以“同题共答”的形式探索城市更新的命题和进程，充分表达了只有尊重各国发展选择、尊重各国文化传统，才能“大道共通”共赴繁荣的共识。

2023 年 8 月，《十城记》摄制组走进巴基斯坦，开展专题片录制工作。

2023 年 9 月，《十城记》摄制组走进阿尔及利亚，图为此次的拍摄花絮。

中国建筑承建的巴基斯坦 PKM 高速公路项目

该项目以“一带一路”共建国家为核心受众区，通过“央企 + 央媒”的融合传播发挥公共关系协同引导效应，促成多国媒体、多样平台、多个语种主动连续报道。据统计，《十城记》专题片上线发布后，海内外总传播量达 4827 万，累计获赞 48.36 万次，并引发海外网友对本国现代化模式该如何选择的讨论。《十城记》第一集“唤醒——埃及新首都 CBD 项目”获第五届“一带一路”百国印记短视频大赛埃及分赛区文明交融奖，第三集“安居——沙特吉达公寓项目”被第三届“一带一路”国际合作高峰论坛采用。

如何跨越文化差异，寻求共识，探索“同题共答”？中国建筑给出了方案。

在议题设置上，专题片充分尊重不同城市的原有风格并展现其文化特色，走访老城新区，挖掘工程设计及建设过程中保护和传承的故事，融合古今文化特色和异域美景等细节，展现“一带一路”之下的文明交融、传承与创新。第四集“行稳致远——巴基斯坦 PKM 项目”提到，在白沙瓦—卡拉奇高速公路（简称“PKM 高速公路”）的建设过程中，中国建筑充分考虑到道路沿线的生态和民生问题。建设者们在公路沿线建设水井、水渠和其他便利设施，不仅推动了当地的经济发展，也为当地居民提供了实实在在的福利。同时，这些设施也是实现高速公路智能化管理的重要一环。中国建筑通过精准规划统筹城乡发展，应用先进的现代化技术，体察道路沿线人们对美好生活的需要，打造出有精度、有广度、更有温度的道路体系。

在企业形象塑造方面，《十城记》专题片展示了中国建筑在工程建设及促进城市发展方面所取得的卓越成绩，得到了海内外网友的认可，实现了企业美誉度和曝光度的提升，为企业海内外相关业务开展注入了新的活力和动力。在“唤醒——埃及新首都 CBD 项目”中，观众们跟随外籍员工 Abd Elrahman Ahmed 的视角，一起走进开罗这座城市。2015 年，为推动惠及更多居民的城市空间优化与现代化进程，埃及政府计划建设新行政首都。新技术是城市日新月异的引擎，在中国建筑自主研发的“空中造楼机”等技术的助力下，新首都 CBD 项目仅用三年时间就创造了 385.8 米的非洲新高点。在这座“未来城市”，中国建筑坚持可持续发展理念，用新能源赋能绿色社区建设。清洁高效的 CUC 能源中心，在荒漠炎热的天气中帮助城市管理者

中国建筑承建的埃及新首都 CBD 项目

合理分配能源资源，以实现能源节约、排放减少，从而更好地保护这片沙漠中的新绿洲。同时，中国建筑也将新的绿色理念融入城市生活：通过使用循环水对城市花草进行灌溉，在金色沙漠唤醒片片绿意；通过打造舒适的生活空间、和谐友爱的社区，延续埃及人民对未来生活的美好憧憬。

在国家形象建构方面，《十城记》专题片展现了中国企业积极参与全球治理和全球发展的坚定信念与愿景，记录了中国为全球可持续发展带来的生机与动力。第七集“浮岚暖翠——文莱淡布隆跨海大桥项目”充分展示了中国企业坚持可持续发展的决心。淡布隆跨海大桥主体穿越了东南亚地区最大的未经开发的原始热带雨林及大片沼泽地。为了最大程度降低施工对生态环境带来的影响，中国建筑首创“桩上打桩、梁上运梁”的桥梁建设理念，创新采用“不落地”施工工艺，成功实现了桥梁全程空中建造，解决了原始森林、沼泽湿地等生态脆弱地区桥梁建设环境保护难题。中国建筑坚持可持续发展理念，通过创新技术，以高标准建设和高品质服务在文莱打造了将文莱湾东西两岸连接的淡布隆跨海大桥，创造了人居与自然和谐发展新可能。有网友

中国建筑承建的文莱淡布隆大桥

留言说："这就是格局，别人在破坏，而中国在建设。"还有越南网友对照《十城记》第八集的科特迪瓦相关内容，反思越南城市发展的问题。可见，该专题片真正引发了全球性议题的跨国与跨文化研讨和共鸣。

总体来说，从鲜明的策划亮点和良好的传播效果来看，《十城记》充分体现了公共关系传播在树立企业形象、讲好中国故事中的重要作用。

背景资料

中国建筑是全球规模最大的投资建设集团之一，践行"拓展幸福空间"的使命，秉承"品质保障、价值创造"的核心价值观，持续以创新为驱动，推进高水平科技自立自强，在 140 多个国家和地区累计承建项目 8000 余个，高质量服务"一带一路"沿线国家提高基础设施水平，增进当地民生福祉，奋力创建世界一流企业。

中国建筑面向海外推出"建证幸福"海外品牌，编制发布 9 个国别多语种可持续发展报告，发起可持续战略品牌项目"鲁班工匠计划"，连续五年荣获中宣部指导的"中国企业海外形象建设年度十大优秀案例"，持续展示可信、可爱、可敬的中国形象。

专家点评

中国建筑与环球网合作的《十城记》专题片，堪称一次成功的跨文化传播典范。该案例不仅展示了中国建筑在"一带一路"沿线国家的卓越工程能力和创新精神，更在全球化背景下实现了品牌出海价值的深度挖掘与广泛传播。

《十城记》通过展示中国建筑在全球各地的工程案例，以发展中国家普遍关切的城市发展问题为切入点，在中外籍员工和当地民众的真情讲述中，生动展示了自身技术优势和践行社会责任的担当，并将其打造为企业和国家形象名片。

《十城记》通过深入了解各个国家和地区的城市发展需求，创新内容和表现形式，将传统文化元素与现代化建设完美结合，让观众在了解中国建筑成就的同时，也能感受到当地浓厚的文化氛围。

《十城记》成功塑造了中国建筑的独特品牌形象，不仅展示了中国建筑的技术和创新能力，也传递了中国的发展理念和文化底蕴，既增强了全球公众对中国建筑的信任和认可，也为企业拓展国际市场业务提供了有力支持。

通过精准把握全球观众需求、注重与各地文化的融合以及精心策划传播内容，《十城记》为中国品牌出海和跨文化传播提供了一个优秀范本。

（点评专家：孔晶）

“华小电”破圈 中国华电塑造海外新形象

2023 年，一只来自大自然的电力精灵“破圈”海外，成为彰显中国华电海外形象的小明星，助力华电集团海外社交媒体矩阵粉丝量突破 25 万。“华小电”闪亮出圈的背后，是中国华电精心制定的公关策略，这一设计不仅将企业形象人格化、通俗化，也积极借助中国主场外交活动，提升企业形象的传播力、影响力。“华小电”的海外传播，是公共关系服务国企高质量打造海外形象的一次成功实践。

中国华电以服务国家外宣事业和集团公司海外发展为目标，策划组织并完成了“中国华电利用企业卡通形象海外‘破圈’”相关系列活动。此次传播策划主要针对中国华电业务所在国“Z 世代”青年，旨在通过创新传播方式手段全新升级企业 IP“华小电”，历经 1 年的时间，最终成功打造企业自己的超级代言人。以“华小电”（Hua）为核心的卡通 IP 形象家族，构建了轻松、生动、亲和的品牌语言体系。

“华小电”的设定是大自然的电力精灵，有着圆滚滚、软萌萌的外表和强大的“内芯”。标志性的华电蓝色外表，代表了自然与科技和谐共生，寓意中国华电“奉献清洁能源、创造美好生活”的企业使命。流畅圆润的线条来源于“闪电”符号的变体，在去掉符号中尖锐犀利的部分后，以更为柔和的线条充分提升“华小电”的亲和力。漂亮的“小红脸蛋”灵感源自唐代仕女图中的胭脂红，也象征着电力精灵满格蓄能，体现了中国华电在不断优化电力结构、提升能源利用效率、促进社会能源持续健康发展过程中的研究成果。萌萌的“华小电”凭借可爱的形象和丰富的品牌内涵，通过官方媒体的报道和新媒体平台的二次传播，迅速引爆全网，成为华电海内外企业文化交流的大使，打造了中国华电特色鲜明的文化符号。

据了解，“华小电”引发海内外媒体广泛关注，社交媒体影响力持续扩大。2023 年，中国华电海外社交媒体矩阵粉丝量突破 25 万，阅读量近 2000 万次，互动量突破 500 万，中央广播电视总台、越南茶荣省电视台、印尼安塔拉通讯社等境内外多家主流媒体对“华小电”进行了广泛报道。由于“华小电”的传播，越来越多外籍友人对中国华电的好感度大幅提升，海外受众对中国文化产生了浓厚兴趣，有效提升了中国华电国际品牌影响力。

“华小电”的成功破圈，是多方因素共同促成的。

首先，拟人化表达，传递了丰富价值理念。为了增强“华小电”丰富的文化内涵，中国华电制作“华小电带你看中国”系列视觉内容产品，“华小电”时而穿上汉服走在灯光璀璨的汉唐宫阙讲解中华民族传统节日，时而手持特色美食置身大美新疆，时而又手捧哈达将美好祝愿献给全世界各族人民。“‘华

中国华电品牌与宣传中心策划制作“华小电带你一‘碳’究竟”系列科普，着眼中国华电绿色发展成就，揭秘中国能源企业背后的奥秘。

2023 年，为了增强受众视觉体验，中国华电品牌与宣传中心制作“华小电带你看中国”系列视觉内容产品。

“华小电”亮相第八届中国—南亚博览会，深受中外友人的喜爱。

“华小电”亮相第十一届中国企业国际形象建设高峰论坛。

“华小电”表情包广受喜爱。

小电’非常可爱，这些内容非常有趣，我真的太喜欢‘华小电’，太想去中国玩了。”中国华电巴基斯坦员工卡尔这样说。在越南沿海二期电厂及周边产业园区的 4000 余名越南居民中，有 87.3% 的人表示非常喜欢“华小电”，8.1% 的人表示对“华小电”很有好感，4.6% 的人表示愿意了解“华小电”。在对“华小电”充满好感的越南居民中，有 53.6% 的人表示希望可以到中国旅行，21.4% 的人表示想要更多地了解中国并希望借阅华电电厂内“中国书架”的书籍，22% 的人表示愿意尝试学习中文，3% 的人表示可以尝试多了解中国华电。通过“华小电”的视角，中国华电介绍中国传统节日、特色美食以及集团的绿色发展故事，不仅传达了中华民族丰富的文化价值理念，更展现了中国华电在文化传承和绿色发展方面的贡献。

其次，创新方式手段，构建通俗化传播话语。2023 年 6 月，中国华电启动“华小电带你一‘碳’究竟”系列科普策划，借势“世界地球日”深度挖掘中国华电绿色高质量发展背后的故事，展示公司发展风能、光伏、氢能等“低碳”举措，形式通俗新颖，兼顾娱乐性，同时跟随国际绿色低碳的热点话题，阅读总量超 500 万次，互动量超 20 万次，诸多外国网友纷纷点赞中国华电绿色举措。中国华电在集团自媒体平台策划推出《和华小电一起 60 秒看华电》系列视频，以“华小电”语言特色为基调展开叙述，追踪受众关注焦点，捕捉海外受众情绪，从天空俯瞰中国华电海内外亮点项目美景，在绿草、青山、蓝天、白云中，为海外观众准备了一场视觉盛宴，一改他们心中对能源企业的刻板印象，直观感受到中国华电清洁能源与综合智慧能源的魅力。《和华小电一起 60 秒看华电》系列视频在 Facebook 平台获得近百万阅读量和近 20 万的互动量，吸引了海外受众的热烈关注。

第三，借势主场外交，突破文化传播空间维度。中国华电借助中国—东盟博览会、进博会等中国主场外交舞台，开展国际传播。重点推出“华小电进博行”系列视频策划，以“华小电”为主角打卡进博会各场馆，纵览中国华电参展亮点。系列视频中，“华小电”化身“主播”，逐一介绍明星产品展台亮点及企业未来规划，展现海外企业积极融入中国市场、抢抓中国发展机遇的决心。在中国华电海外社交媒体上，“华小电进博行”系列视频收获了大量各国网友留言——“能源更加绿色、智慧，期待见到一个更绿色、更美好的世界。”“很高兴看到中国与世界其他国家的关系越来越紧密。”

背景资料

中国华电是 2002 年底国家电力体制改革时组建的国有独资发电企业，是国务院国资委监管的特大型中央企业，也是中央直管的国有重要骨干企业。主要业务有发电、煤炭、科工、产融四大板块，资产及业务主要分布在全国 32 个省（区、市）和香港特别行政区以及俄罗斯、印尼、柬埔寨、越南等 30 多个国家。中国华电是国内最大的天然气发电运营商，拥有世界单体最大的“盐光互补”项目、全国首个高海拔光氢储项目、全国首座水力发电站、全国首批超超临界百万千瓦机组、全国首个 9H 燃气冷热电三联供项目、国内首批近海深水区海上风电等一批示范电源项目。

专家点评

“华小电”的海外破圈之旅，无疑是中国华电在海外品牌形象塑造中的一大亮点，通过富有创意的公关策略和形象塑造，成功将中国华电的企业文化和价值理念传递给海外受众，进一步提升了品牌的国际影响力。通过创造拟人化的“华小电”形象，中国华电不仅成功吸引了年轻受众的注意，更通过这一形象传递了企业的核心价值。

中国华电在传播方式上进行了大胆创新，制作了一系列有趣、生动的视觉内容产品，如“华小电带你看中国”系列，将中国文化与中国华电的绿色发展故事相结合，成功激发了海外受众的兴趣。这不仅传递了丰富的文化价值理念，更展现了中国华电在文化传承和绿色发展方面的贡献，提升了品牌的文化内涵。

中国华电还巧妙地借助主场外交活动，如中国—东盟博览会、进博会等，开展国际传播。通过“华小电进博行”等系列视频策划，将企业的参展亮点与“华小电”形象相结合，成功突破了文化传播的空间维度，让更多的海外受众了解了中国华电的品牌形象和发展成果。

“华小电”的海外破圈之旅，是中国华电在公共关系服务国企高质量打造海外形象方面的一次成功实践。通过创新的传播方式、丰富的文化内涵和巧妙的传播策略，中国华电成功塑造了一个富有亲和力、文化内涵和国际影响力的品牌形象，为企业的海外发展奠定了坚实的基础。

（点评专家：吕大鹏）

重构百度世界 打样“AI 原生应用”

“大模型”被热议讨论半年后，生成式 AI 发展重心迈向下一站“AI 原生应用”。2023 年 10 月，百度在首钢园举办“百度世界 2023”大会，这场科技创新的盛会，是 AI 原生时代重构的一个里程碑，“百度世界 2023”大会登上各大平台热榜热搜 40 余次，相关话题阅读量累计超 10.6 亿次。“热驱动”下也有“冷思考”，这次大会为更多中小企业快速进入原生 AI 生态、抓住生成式 AI 时代浪潮提供了借鉴。

“百度世界 2023”大会现场座无虚席。

2023 年 10 月 17 日，“百度世界 2023”大会现场，李彦宏做主题演讲。

百度世界大会是百度每年面向行业、媒体、合作伙伴和广大用户的最高级别的行业盛事，作为百度年度最重要的战略、技术、产品发布会，至今已连续举办 17 年。2023 年大会以“生成未来（PROMPT THE WORLD）”为主题，文心大模型 4.0、AI 原生应用、国家跳水队 AI 辅助训练系统、国图 AI 编史修志、小度添添家庭机器人等十余项最新 AI 技术和应用、产品集体亮相，主办方与到场嘉宾共同探讨未来科技趋势，发布大模型的最新进展，同时分享如何通过“AI 原生思维”抓住 AI 时代的新机遇。大会不仅设有演讲主论坛，还有覆盖移动生态、自动驾驶、云市场等垂类的 20 余个分论坛，并设置最新 AI 技术的互动式展区，全面展现百度的最新研发成果。活动为参与者提供了一个深入了解 AI 技术、探讨 AI 应用前景的平台，希望带动中国人工智能领域的发展。

百度世界大会总传播声量超 80 万篇，其中包括阅读量超 10 万次的深度报道 18 篇，播放量破 100 万次的爆款视频 15 条。相关话题登上各大平台热榜热搜 40 余次，阅读量累计超 10.6 亿次。此外，180 余位智库专家朋友群转发扩散，350多个科技社群扩散传播，114位高校院长、副院长以及教授等专家转发扩散传播，150多个高校社群、17所高校转发扩散。《人民日报》、新华社、新华网、央视网、《中国科学报》、交通强国等权威媒体进行深入报道，多篇阅读量突破10万次。全球三大通讯社（美联、路透、法新）积极报道，彭博社、华尔街日报、美国有线电视新闻网（CNN）、福布斯等亦发文广泛转载。港媒报道总触达率达1.3亿。多家媒体都重点报道了百度文心大模型4.0的发布。这一模型在理解、生成、逻辑和记忆能力上的显著提升，被认为是人工智能技术的新里程碑。媒体还重点关注了百度在大会上展示的AI原生应用，如全新AI互动式搜索等。这些应用展示了AI技术在各个领域的广泛应用和实用性，引起了媒体的广泛关注和报道。除了文心大模型4.0外，媒体还报道了百度在AI技术方面的其他创新和突破。如百度发布的生成式商业智能产品——百度GBI等等。“百度世界2023”的不同话题数十次登上百度、微博、抖音、今日头条、知乎、快手、B站、脉脉等热榜热搜。

“百度世界2023”大会展区人潮涌动。

强大的传播阵容结合多渠道宣传手段，进一步提升了品牌影响力。大会当日，百度创始人、董事长兼首席执行官李彦宏以《手把手教你做AI原生应用》为题发表演讲，从技术、行业和应用等多维度进行分享，阐述生成式AI的“理解、生成、逻辑、记忆”四大核心能力，以及AI大模型的实际应用价值，在线直播观看人数近6000万。此外，百度首席技术官王海峰，百度集团执行副总裁、百度智能云事业群总裁沈抖，百度集团资深副总裁、百度移动生态事业群组总经理何俊杰，百度集团副总裁、小度科技CEO李莹等业务负责人现身分享，他们的参与和演讲吸引了大量媒体关注和报道。大会通过多种渠道进行传播，包括线上直播、媒体报道、社交媒体扩散等。特别是线上直播的方式，让无法亲临现场的观众也能实时观看大会盛况，扩大了传播范围。同时，百度还利用自身的社交媒体账号，如微博、微信公众号等，进行大会内容的同步更新和推广，进一步提升了品牌的知名度和影响力。

精准定位目标受众，促进了行业交流与合作。大会内容针对不同群体的需求进行了精准设计，既有面向开发者的技术分享，也有面向普通用户的AI

“百度世界2023”大会展区，参会人员体验互动式AI体验区的Du Gallery画廊。

应用体验，确保了信息能够准确有效地触达目标受众。通过在传播过程中精准定位目标受众，百度不仅展示了最新的技术和应用，还与他们进行了深入的交流和探讨。这种精准的传播策略为行业内的交流与合作提供了良好的平台，有助于推动人工智能技术的进一步发展。通过这次盛会，百度向全球展示了在 AI 原生思维引领下进行创新的实力和决心，为更多中小企业快速进入原生 AI 生态、抓住如今生成式 AI 时代浪潮的机遇提供基础模型和资源，引发了广泛的社会关注和讨论，受到内外部广泛认可，引发了对百度的未来和中国大模型发展的期待。

通过展示文心大模型 4.0 等最新技术成果在各个领域的应用场景和前景，大会让受众更加直观地感受到 AI 技术为生活和工作带来的便利和创新。这种以实际应用为导向的传播策略有助于提升公众对人工智能技术的了解和认识，从而激发更多人对人工智能领域的兴趣和关注。

百度发布的一系列框架、模型及应用，旨在惠及各行各业的创业者、开发者、中小企业，为他们零门槛快速加入生成式 AI 生态提供技术和资源。百度发布的文心一言已带来全国最大的提示词生态，为知识工作者有效提升工作效率。提示词工程将成为构建 AI 原生应用的关键。可以看到，在新的 AI 时代，百度将和每个企业、开发者、用户共同生成未来。

背景资料

百度公司成立于 2000 年，公司经营稳健，业务规模持续健康增长，自 2018 年以来，已经连续 6 年保持营收超千亿的规模。

百度非常重视在技术领域的投入，一直保持着非常高的研发投入比例。得益于压强式、马拉松式的投入，百度在人工智能的各个层面都有领先自研技术，这也让百度在很多个技术领域的专利都占据了领先位置。

作为长期投入技术研发的企业，百度从 2013 年就开始布局人工智能技术。对于 AI 技术长期持续的投入使得百度在人工智能领域一直走在前列。

在大模型的加持下，人工智能的发展方向从辨别式走向了生成式。而百度的文心一言就是一款典型的生成式 AI 产品。截至 2024 年 6 月，文心一言累计用户规模已达 3 亿。

百度在公关领域一直致力于向全球展示在 AI 原生思维引领下进行创新的实力和决心，为更多中小企业提供基础模型和资源，帮助它们抓住机遇。百度的这些作为不断引发广泛的社会关注和讨论，受到内外部广泛认可，业界及大众对百度的未来和中国大模型发展充满期待。

品牌 IP 营销活动是有着高辨识度、强用户心智的“符号型”活动，百度也通过持续打造百度世界大会等集团级 IP 营销活动，让业界及大众对此形成超级 IP 心智，形成品牌认知，拉近与用户的距离。

“百度世界 2023”是百度重构之路的新起点，向公众展现了百度在产业智能化、C 端应用、智能汽车、金融、医疗、营销、家居等行业中进行重构的壮志，向企业、用户以及合作伙伴分享在 AI 原生思维下重构的百度产品，并通过沉浸式互动展区让与会嘉宾能够直接体验到重构后的百度生态，带领来宾身历其境体验正在走入的 AI 原生时代。

专家点评

一个好的公共关系活动必须与时代的发展紧密相连，与公众的关注热点环环相扣。

2023 年 9 月，习近平总书记在黑龙江考察调研期间首次提到新质生产力的问题。新质生产力主要是以创新的主导作用摆脱传统经济增长方式的生产力发展路径，具有高科技、高效能、高质量特征，符合新发展理念的先进生产力质态。IT 行业无疑是这个领域里的排头兵。“重构百度世界，打样‘AI 原生应用’”这个案例就是对新质生产力的应用与推动。完全符合党中央的战略和世界科技经济发展的潮流。

企业年会是一种公关活动的常规操作，怎样开好年会，让它发挥更大的作用，这是公关策划的重要任务。“百度世界 2023”大会就是这个提升企业形象的抓手。高科技既要天马行空勇于创新，又要脚踏实地依靠公众的认知与广阔的市场。百度的年会对目标公众进行针对性分类传播，除了专业报告还特别增加了互动的环节。在互动式展区展示了 AI 技术在各个领域的广泛应用和实用场景。让受众直观地感受到 AI 技术为生活和工作带来的便利，引起了媒体的广泛关注和报道。

名人效应是公关活动最常用的手段，百度创始人李彦宏及其团队的领导群体亮相演讲，吸引大量公众的眼球和关注。这是一次组织完善、层次分明、效果良好的公共关系活动。

（点评专家：李兴国）

首届碳中和亚运会 吉利零碳甲醇点燃主火炬

“双碳”目标之下，可再生和清洁能源使用持续成为各方关注焦点。2023 年 9 月 23 日，杭州第十九届亚运会开幕式首次使用由吉利控股集团生产制备的零碳甲醇燃料点燃亚运主火炬，这是人类历史上首次废碳再生利用，引发各大官方媒体与网络平台争相报道，结合趣味科普和幕后解读，引导大众对零碳甲醇和能源安全的认知。

2023 年 9 月 23 日，在全亚洲人民注视下，杭州第十九届亚运会开幕式上，零碳甲醇燃料首次被用于点燃亚运主火炬。此次的零碳甲醇由吉利控股集团生产制备并提供技术解决方案，并由吉利远程甲醇动力重卡提供运输保障。每生产一吨绿色甲醇可以消纳 1.375 吨的二氧化碳，实现了二氧化碳资源化利用，废碳再生，相关设备及技术全球领先。随着亚运会的顺利闭幕，本次项目圆满成功。这是人类历史上首次废碳再生利用，这座实现循环内零排放的亚运主火炬塔，彰显了技术创新能力和吉利推动可持续发展的担当，将为中国能源转型和可持续发展提供新的解决方案。各大官方媒体与网络平台争相报道，吉利成功向全亚洲乃至全世界兑现了“绿色亚运”的美好承诺。截至 2023 年 9 月 27 日 17 时，海内外媒体共监测到相关信息 21735 篇，总计曝光量超过 11.85 亿。国内媒体共监测到相关信息 21023 篇，曝光总量超过 6.5 亿。其中，网络新闻占 28.2%，手机新闻占 40.4%，微信占 11.6%，微博占

吉利控股集团全球首创零碳甲醇点燃亚运主火炬。

14.4%，论坛占 1.3%，报纸占 1.0%，视频占 3.1%。海外传播方面共监测到相关信息 712 篇，曝光量超过 5.35 亿。

在这一案例中，可以看到，能源创新助力中国式现代化，吉利以零碳甲醇讲述了精彩的中国故事，为中国能源转型和可持续发展提供了一个全新而可行的解决方案。通过能源创新实现能源多样化，降低国家能源对外依存度，保障能源安全，无疑是中国式现代化的生动实践。新华社在 2023 年 9 月 23 日的报道中对此给予了高度评价。报道指出，采用绿色环保的零碳甲醇，有利于生态环境保护，传递绿色亚运精神。报道还强调了吉利控股集团在绿色甲醇制备和应用方面的技术突破。吉利控股集团作为杭州亚运会的官方合作伙伴，通过提供绿色甲醇等环保技术和产品，为亚运会增添了更多的绿色元素。

关键词贯穿始终，有策略的传播助力影响力达新高。整体传播以“全球首创零碳甲醇点燃亚运主火炬”为关键词贯穿传播线，通过有节奏策略地传播，从热点新闻到全面解读再到技术揭秘，有规划地逐层递进。随着主题不断升华，这次创新无论是在声量还是影响力上都达到史上新高。中国新闻网报道，与历届亚运会不同，杭州亚运会开幕式首次使用废碳再生的绿色甲醇作为主火炬塔燃料，向世界传递“绿色亚运”的决心。澎湃新闻称赞，甲醇作为亚运主火炬燃料，具有环保、安全、可靠、可视、经济等优势，这些都完美符合亚运对主火炬燃料的高要求、高标准。同时，党媒央媒全矩阵宣传，助推“零碳甲醇”成为热搜话题。浙江省委宣传部和亚组委，党、央媒全矩阵联动，撬动“全球首创零碳甲醇点燃亚运主火炬”成为社会话题，点赞绿色亚运，助推“零碳甲醇”高频热搜。

趣味科普与幕后解读相结合，打破认知壁垒。吉利通过讲述火炬塔解密、甲醇燃料运输等趣味故事打破公众对甲醇的认知壁垒，承接舆论话题。2023年9月27日，吉利控股集团官方微博发布主火炬团队纪录片《燃》，并配文：“谨以纪录片《燃》向参与亚运主火炬点燃的每个成员致敬！大莲花亚运主火炬里跳动的火，既是甲醇的火，也是吉利近二十年来‘梦中的那团火’！”杭州第十九届亚运会官方微博随后转发，并配文，“杭州亚运会开幕式主火炬里跳动的火星是如何点燃的？”央视《顶级实验室》节目对这一创新进行了专题报道，揭开甲醇燃料助力能源循环生态的秘密。这期节目被央视新闻在微博、微信、抖音等全平台置顶推送报道，各平台总观看量超657.9万，客户端播放量222.9万，合作媒体播放量260万，微博播放量175万。

专家权威发声，社交媒体联动，持续引发热议，形成了巨大的舆论声浪。行业专家发表权威证言，抖音KOL等社会化媒体趁势，从不同维度引导大众认知零碳甲醇对能源安全和碳中和的重要意义。清华大学中国经济思想与实践研究院院长李稻葵认为，能源转型低碳发展毫无疑问是当下最大的一个亮点，甲醇技术路线极其实用可行，绿色甲醇自主可控，绿色甲醇大有希望。民革党员、时任吉利控股集团协同创新中心总经理、2022年度“浙江民革骄傲人物”获得者沈源表示，亚运开幕式首次使用废碳再生的绿色甲醇，实现循环内的零排放，既完美助力打造首届碳中和亚运会，也是对“绿色亚运”

的最好诠释，同时为中国能源转型和可持续发展提供了新的解决方案。

伴随着亚运带来的高光时刻，甲醇作为新型可再生清洁能源，既能用来解决能源安全问题，又能助力实现碳中和目标，将在全球能源结构优化中扮演越来越重要的角色。而零碳甲醇点燃亚运主火炬的故事，也成为中国“双碳”目标下美丽中国建设的精彩片段。

背景资料

浙江吉利控股集团始建于 1986 年，1997 年进入汽车行业，一直专注实业，专注技术创新和人才培养，坚定不移地推动企业转型升级和可持续发展。

吉利控股集团致力于成为具有全球竞争力和影响力的智能电动出行和能源服务科技公司，业务涵盖汽车及上下游产业链、智能出行服务、绿色运力、醇氢生态、数字科技等。

吉利控股集团积极履行社会责任，以“让世界感受爱”为公益价值主张，是第 19 届杭州亚运会官方合作伙伴，通过绿色科技、智能科技、人文责任等举措，全方位赋能杭州亚运会。

吉利坚持非营利办学，努力推进产学研结合和技师、技工等应用型人才培养，创办 10 所院校，累计输出人才超过 18 万。为期 5 年的吉利“吉时雨”精准扶贫项目累计投入资金近 7 亿元，为打赢脱贫攻坚战贡献力量。吉利以高质量发展企业、共享发展成果、协同产业链发展、协调区域发展为四大主要行动，全面启动在高质量发展中推进共同富裕行动计划。

专家点评

什么是新闻？用专业的术语来说，“新闻就是对新近发生的具有社会认知价值的事实的报道或传播”。

就杭州亚运会而言，高科技、碳中和、江南情，以及各国运动员的拼搏，都是很有新闻价值、值得传播并引发受众共鸣的话题。新闻讲究的是第一次、是没有发生过，是对比、是冲突，是具有社会性。那个开闭幕式上踏着星光而来点燃火炬的数字火炬手，名叫“弄潮儿”，他向现场观众比心，令大家印象深刻，实现了共情传播。而他点燃火炬所用的原料，则是由吉利控股集团生产制备的零碳甲醇燃料。这是人类历史上首次使用废碳再生的绿色甲醇，实现循环内的零排放，既完美助力打造首届碳中和亚运会，也是对“绿色亚运”的最好诠释。

这个新闻事实具有传播价值，但是困难在于燃料是看不见的，是隐性事实而不是显性事实，这就考验了传播的能力。在这个公关事件背后，我们看到了主办方以“全球首创零碳甲醇点燃亚运主火炬”为关键词贯穿整个传播线，有节奏策略地传播，从热点新闻到全面解读再到技术揭秘，有规划地逐层递进。通过趣味科普与幕后解读，打破认知壁垒。通过专家权威发声，社交媒体联动，持续形成了巨大的舆论声浪。最后获得了较好的传播效果。

（点评专家：刘笑盈）

东方物探公司打造“绿色勘探”品牌

中国石油集团东方地球物理勘探有限责任公司（简称东方物探公司，英文简称 BGP）在阿联酋运作全球最大的三维过渡带地震勘探项目 ADNOC TZ 期间，面对作业安全和社区关系等巨大挑战，将中国的生态环保理念与国际通行的社会许可做法相结合，全力打造“绿色勘探”先锋队，着力构建良好社区关系，实现了项目高效实施。

近年来，东方物探公司积极践行“绿色物探、环保先行”理念，将“生态优先、绿色发展”精神融入项目生产，致力打造绿色标杆工程。先后已有阿联酋 ADNOC TZ、BP 印尼、沙特红海 S78、文莱壳牌等一批重大项目成功开展，在海外物探市场擦亮了东方物探“BGP”的品牌，赢得了海外客户与当地社区居民的信赖和支持。

东方物探公司于 2020 年 11 月中标全球最大的三维过渡带项目。这是继 2018 年中标 ADNOC 全球特大海陆勘探项目之后，东方物探公司在阿联酋市场取得的又一次重大突破。2023 年，东方物探公司在阿联酋运作全球最大的三维过渡带地震勘探项目，项目主要由海洋物探处 8652 队承担施工任务。工区由西向东覆盖整个阿联酋海岸线，过渡带区域长达 380 公里，地表覆盖阿布扎比整个海岸，不仅包括盐沼、沙漠、浅水、潮间带、季节湖、油区，还包括自然保护区、皇家领地、军事区及核电厂等敏感区域，施工难度大。

针对项目工区——Hudayriat 岛沿岸分布的皇室行宫、高级酒店、政府机构等多个高敏感区域，东方物探公司始终将“绿色物探、环保先行”理念融入项目生产全过程，精细谋划提前部署，厉兵秣马应对挑战。事先制定详细的环境保护措施和方案，联合项目甲方——阿联酋国家石油公司，开展绿色勘探主题宣传活动，组织社会许可团队超前开展宣传联络与实地走访工作。施工中合理安排工作计划并加强现场管理，全力减少对游客的影响，同时成立恢复组确保环境完全恢复原貌，最终成功实现在高敏感区域作业“零社区抱怨”的目标，为推进共建绿色“一带一路”贡献了石油力量，进一步提升了 BGP 在中东勘探市场的品牌认同度和美誉度。

展示东方物探公司 ADNOC TZ 项目过程的视频《解锁丝路海底密码》在第五届“一带一路”百国印记短视频大赛中获评“丝路人气奖”，收获媒体与公众的广泛关注和好评。该片讲述了东方物探公司在阿联酋海上勘探项目

队员进社区宣传绿色作业。

作业完成后员工主动清理海岸垃圾。

中应用高效混采技术，实现了地震勘探历史上的最高产量纪录，成果丰硕，在行业内赢得了良好的声誉，生动诠释了国资央企在“一带一路”建设中的表率作用。该视频在环球网、快手等平台获赞近 50 万次，是中国公共关系服务高质量发展的具体实践。

绿色理念先行，实现双向互动，为实际工作开展奠定良好基础。项目组积极践行“绿色物探、环保先行”理念，联合甲方发起为期三个月的主题宣传活动，在工区附近海滩上为往来游客现场讲解绿色勘探知识，展示生态保护案例，同游客双向互动答疑解惑，消除顾虑，赢得支持。

高度注重地方许可，尊重地方要求，获取当地认同，为实际工作开展赢得通行证。项目组超前谋划，成立团队，针对 Hudayriat 岛高敏感区域施工作业，提前开展社会许可办理工作，根据作业计划及时与区域负责人员会晤，

BGP 的宣传大篷车

大量走访当地市政、海警、环保、渔业管理等部门，同时介绍物探作业性质和对当地发展的重要意义，沟通可作业时间窗口，提前告知施工区域，成功取得了施工区域内 20 多个政府部门的许可。

用心传承丝路精神，坚持绿色勘探、文明作业、安全施工，兑现绿色承诺，为实际工作开展获得认同与尊重。施工中，项目组制定合理工作计划，不断优化细化施工方案，最大程度采用对环境友好的技术和方法。避免噪音干扰，专门成立恢复组，做到作业现场垃圾随产随清，确保 100% 恢复原貌。施工过程中，员工自觉打捞和收集海上漂浮物，完成 60 多次总计 100 公斤的第三方垃圾回收。同时高度重视海洋生物保护，在实际施工中为保护海洋哺乳动物而延迟作业次数累计达 2694 次。在施工过程中，通过各种途径普及绿色物探的理念，激发员工参与环境保护的热情，潜移默化地构建了注重海洋

环保作业——开展救助海洋生物专项培训

工作艇每天往返母船途中清理海面垃圾。

环境保护的团队文化。

在中东油气高端市场赢得良好口碑和声誉，获得甲方阿联酋国家石油公司高度评价，极大提升了 BGP 品牌在全球勘探市场的影响力。驻队甲方监督评价："在追求环保作业的同时能够达到如此高的效率，BGP 真了不起！"当地政府、居民和游客对 BGP 积极保护海洋环境的做法也给予了高度认可，BGP 实现了在高敏感区域作业"零社区抱怨"，增进了当地对中国倡导的人与自然和谐共生理念的认同，展示了中国国企可信、可爱、可敬的良好形象。

背景资料

中国石油集团东方地球物理勘探有限责任公司是中国石油天然气集团公司全资物探专业化子公司，以油气资源勘探为核心业务，是全球物探行业唯一全产业链技术服务公司，业务范围覆盖全球 80 多个国家和地区，陆上勘探连续 20 年保持行业首位，OBN（海底节点勘探）业务连续 5 年保持全球第一，服务的能源公司超过 300 家。通过 30 多年的国际化发展成功实践，公司深刻认识到，良好的公共关系是企业赢得社会各界信任和支持、实现高质量发展的强大驱动力，中国企业在海外要实现高质量发展，必须内外兼修，修炼好项目运作这项"内功"的同时，还要通过有效沟通，与社会各界建立良性联系，赢得好感和认同，不断提升企业品牌知名度、认可度和美誉度。

一是加强沟通互动，赢得合作伙伴高度信赖。坚持以客户为中心，常态化与国内外客户走访交流，坚持每年开展客户满意度调查，综合客户满意度达到 96 分以上；深入了解客户技术需求，听取客户意见建议，不断获取客户对公司服务满意程度的评价信息，并采取相应措施，确保产品和服务全过程让客户满意。

二是履行社会责任，赢得当地政府一致好评。大力推进绿色勘探，绿色作业率达到95%以上，实现了物探作业和环境保护的和谐发展；积极投身社会公益，为当地居民提供教育、医疗、基建等多方面的帮助，实施员工本土化政策，带动“一带一路”沿线32个国家11万多人就业，助力当地经济社会发展。

三是实施跨文化融合，赢得民众与外籍员工价值认同。大力开展文化融合，成功策划举办BGP中阿文化交流节活动，反响空前；推进文化进校园系列活动，面向大学师生传播中华传统文化，科普物探知识；实施阿曼跨文化工程，开通运营公司海外新媒体账号；加强国际传播，做到主动发声，发布BGP阿曼国别社会责任报告，得到了当地政府和居民的广泛关注和高度评价。公司先后获得阿曼“最佳国内价值贡献奖”、阿曼总工会最佳企业奖、地方政府优秀环境保护奖等荣誉，得到中国驻阿曼大使馆充分肯定。

专家点评

中国品牌如何国际化，一直是公关业内高度关注的议题，尤其是在“一带一路”共建朋友圈日益扩大的今天。东方物探在阿联酋运作全球最大的三维过渡带地震勘探项目过程中，其对生态环境的珍视、对绿色发展的追求形成了深远的品牌影响，为国资央企在“一带一路”建设中树立了一面品牌国际化的耀目旗帜。

说东方物探“环境友好”这项品牌资产构建得扎实，不仅是因为他们把“绿色物探、环保先行”理念融入项目生产的全过程，更是因为他们真正把环境友好的品牌基因当作一把尺子，去衡量每一项勘探作业的作用效果，不论是对当地政府、敏感机构，还是对普通的当地居民、内外游客，甚至是无法反馈感受的海洋生物乃至海洋本身。

从实施效果看，高敏感区域作业 100% 恢复原貌、“零社区抱怨”，自觉打捞和收集海上漂浮物的第三方垃圾回收，为保护海洋生物而延迟的数千次作业——这既是中国品牌国际化形象的优秀素材，也是东方物探“环境友好”品牌资产的鲜活证明。

（点评专家：顾环宇）

04

行业智慧 媒体联动

公关行业和媒体篇

“青耘中国”为乡村振兴插上互联网翅膀

直播助农 6000 余场，累计助农产品销售额超 10 亿元，活动曝光量超 20 亿……这是由共青团中央青年发展部主办、中国青年报社承办的“共青团‘青耘中国’直播助农活动”的成绩单。在短视频、直播等数字化传播技术的赋能下，直播助农活动助推农产品销售打通“最后一公里”，让田间地头的“好货有好价”，受到社会广泛关注与热议。

为深入学习贯彻党的二十大精神，全面推进乡村振兴，由共青团中央青年发展部主办、中国青年报社承办的“共青团‘青耘中国’直播助农活动”（以下简称“青耘中国”）正式开启。据统计，全国 25 个省级团组织共计推荐 270 名公益主播加入了“青耘中国”直播助农联盟，主播全网粉丝超过 5 亿。来自 28 个省（市）级团组织和 160 个国家乡村振兴重点帮扶县推荐的 3088 款助农产品加入“青耘优选”产品库。“青耘中国”活动主要围绕绿色发展、老区建设、民族团结、乡村文旅、农民丰收节、定点帮扶等方面，以四季节气为节点，分别开展“青耘中国·春耕希望”“青耘中国·夏耘梦想”“青耘中国·秋收硕果”“青耘中国·冬藏未来”系列主题直播助农活动，以形式新、品类广、联动足的呈现效果开创了共青团建功乡村振兴的生动局面。同时，依托直播助农活动，各地积极培育农村青年电商人才，宣推乡村产业、文旅

2024 年共青团“青耘中国”年货节活动宣传海报

产品，助力乡村振兴。

“青耘中国”直播助农联盟自成立以来，举办了一系列头部主播带货、节日专场、助农主题日活动，受到全社会广泛关注。中国科学院院士、奥运冠军、农村致富带头人、文艺工作者等社会知名人士为活动寄语，并以微博、抖音、快手等平台为阵地，发起了多个“青耘中国”相关话题。其中，仅微博“青耘中国”话题阅读量就超过 2800 万，为乡村振兴工作带来正向社会引导。据报道，截至 2023 年前三季度，全国近 30 个省级团委累计开展助农公益直播逾 2.4 万小时、累计观看近 4.2 万人次、销售总额超 1.33 亿元。自启动以来，直播助农活动共开展 6000 余场，在年货节、农民丰收节期间联合淘宝天猫打造特色会场并开展专场直播，累计助农产品销售超 10 亿元，农民增收明显。

可以说，“青耘中国”在一定程度上为乡村振兴插上了互联网翅膀。

一是培育农村青年电商人才，赋能乡村振兴。在洛阳市，为挖掘培育出一批“青耘中国”电商直播青年人才，持续推动产业和人才高质量发展，共

2024 年 1 月 23 日，山东直播电商管理集团正在直播卖沂蒙山煎饼。

青团洛阳市委联合市总工会等单位共同举办洛阳市“源耕杯”首届青年电商直播大赛，充分探索和发挥“互联网 +”及电商直播优势，提升洛阳市青年电商主播从业人员综合素质和能力，为“青耘中国”直播助农活动储备青年主播力量，助力青年友好型城市建设。历时 60 多天，通过招募、面试、培训、直播等环节，大赛评选出一、二、三等奖及独立奖项各 3 名，共 10 位参赛选手获奖。大赛通过直播销售富硒小米、牡丹饼、小米醋、枣夹核桃等本地农产品，比赛期间直播间观看人次超 5 万。

二是充分整合内外资源，形成传播合力。“青耘中国”活动是中国共青团系统通过自上而下的广泛号召，以“直播 + 电商 + 助农”的方式开展的全国示范性公益直播助农活动。全国 25 个团省委推荐公益主播、当地特色农产品加入“青耘中国”直播助农联盟和“青耘优选”产品库，并积极组织开展助农公益直播活动。活动期间，以“全国三八红旗手”“全国农村致富带头人”“全国劳动模范”为代表的优秀青年，以及知名乡村助农主播纷纷来到电商平台，公益销售全国各省份特色助农产品，尤其是全国 160 个乡村振兴重点帮扶县的特色助农产品，包括香酥脆枣、山药养生冲调粥、黄米面等。

三是通过“直播 + 电商”有机结合，创新农产品传播方式。据统计，“青耘中国”直播助农联盟共有来自全国的 285 名公益主播，覆盖抖音、快手、

2024 年 1 月 27 日，主播金蛋金玺在直播间开展助农活动。

2024 年 1 月 31 日，新疆巴音郭楞蒙古自治州政协委员刘元杰与“青耘中国”直播间连线。

淘宝、B 站、小红书等主要网络平台，主播全网粉丝超 4.3 亿。产品库共覆盖国家乡村振兴重点帮扶县推荐的助农产品 3088 款。为保证活动扎实有效开展，“青耘中国”形成了以联盟方式运营管理、各大电商平台提供公益支持的完善工作机制，并配套举办了电商培训示范班、电商交流等活动。同时，为增强活动公益性，汇聚广泛的社会力量，该活动依托中国光华科技基金会设立“青耘中国”助农公益基金项目，产生了较好的社会影响，取得了积极的工作成效。

四是权威媒体矩阵联动，扩大活动公信力和影响力。活动期间，《中国青年报》、中国青年网等团属媒体及时预热、扩大影响。“共青团中央”微博号、微信公众号发布活动信息，《中国青年报》融媒体平台跟进活动宣传预热，并在重要时段进行活动转播。截至 2023 年 12 月，“青耘中国”直播活动全网曝光量超 20 亿。

2024 年以来，共青团“青耘中国·春耕希望”等直播助农活动持续进行，借助互联网平台传播力量，持续助力乡村振兴。充分发挥青年作用，以新时代中国特色公共关系引领青年进步，服务青年成长，让青年成为推动社会进步的主力军。

背景资料

中国青年报社是共青团中央机关媒体，是以青年为主要用户（读者）、具有重大影响力的中央主要媒体之一，在国内设有 33 个记者站，在美、日、俄、法、欧盟、外高加索、柬埔寨等国家和地区设有常驻记者。

拥有《中国青年报》一张主报，《青年参考》《中国青年作家报》两张子报，拥有中央重点新闻网站“中国青年网”、中央主要新闻网站“中青在线”，拥有“中国青年报”等客户端，在微博、微信、抖音、快手等第三方平台注册机构账号 200 多个，全媒体用户突破 3.1 亿。

中国青年报社坚持以习近平新时代中国特色社会主义思想为指导，着力提高办报办网质量，努力推进一体化深度融合，加速推进具有国际影响力的新型主流媒体集团建设。

中国青年报社积极在各领域开展“青年关注，关注青年”的公益活动，如“强国青年科学家”系列活动、百所高校创新人才走进地方、“青年喜爱的旅游目的地”推介活动等。积极配合“共青团促进大学生就业行动”，开设“就业创业”专版，持续举办“中青就业”系列活动，实施大学生微创业行动；服务乡村振兴，开展“青耘中国”直播助农系列活动；持续关注青年婚恋问题，策划“七夕同喜”结婚启事征集活动。

“青耘中国”直播助农活动，旨在引导广大乡村青年运用电商、直播等方式，助力乡村农产品上行、带动农民增收致富，积极助力乡村振兴。“青耘中国”项目经过两三年的探索，深入各地城镇、乡村开展直播助农活动，兼顾社会效益和经济效益，已具有较大的社会影响。

专家点评

由共青团中央青年发展部主办、中国青年报社承办的“共青团‘青耘中国’直播助农活动”是乡村振兴活动中，有实有料又有声响的一次成功的公关行动，值得总结推广。

首先，是用符合新传播特色的网络传播带动实体经济发展，有虚又有实，有声又有料。“青耘中国”名字起得很好，“青”既是指主办方共青团中央，又是指活动主体是青年，“耘”则是耕耘。活动非常丰富，主办方根据节气，组织系列主题活动，在直播、网络互动，主流媒体传播矩阵的加持下，不仅获得了很好的传播效果，而且取得了实际的销售成果，助农落到了实处。

其次，“青耘中国”作为一项可持续开展的活动，符合中国发展实际。乡村振兴是长期的任务，活动的设计具有可持续性。乡村产业作为传统产业，插上了互联网的翅膀，更具有发展的空间。

最后，在乡村振兴人才培养方面，进行了成功探索，人才是乡村振兴的关键，“青耘中国”活动培育了大量农村青年电商人才，可以赋能乡村振兴。

基于以上三点，可以认为这是一个优秀的公关活动典型案例。

（点评专家：刘笑盈）

中国铁路与 B 站云端对话 传递时代温暖与力量

2023 年 2 月 15 日，春运正式结束当天，中国铁路联合全国 3285 个铁路站，以视频形式发布了一封“写”给哔哩哔哩（以下简称 B 站）的回“信”——《3285 个铁路车站的回信》。这种“云端对话”的方式，经过国内各大媒体和互联网平台的广泛传播，迅速引发社会公众的强烈共鸣和积极反响，浏览量破千万。短视频火爆网络的背后，是中国铁路媒体和社会机构精准洞察社会议题、巧用公关宣传创意的结果。短视频既彰显了昂扬向上的时代力量，又体现了令人温暖感动的人文情怀，是春运宣传和公关活动的创新之举。

中国有 3285 个铁路客运站，无论站点大小，每个站点都连接着一个家乡。春运中有百万铁路工作者在 15.5 万公里铁路线和 4.2 万公里高铁线上奋斗着，他们用自己的坚守和真诚服务，换来了数以亿计中国人归乡路的安全和便捷。

2023 年春节前夕，B 站发布春运短片《第 3286 个站》。身为年轻人的快乐老家及精神聚集站台的 B 站，以“第 3286 个站”的名义，面向全国铁路车站发出请求，希望各站能照顾一下回家路上的年轻人。该视频获得网络广泛关注和热烈反响。网友纷纷弹幕留言，参与春运话题讨论。在春运结束的那天，铁路官方媒体专门带着全国 3285 个铁路站，也以短视频的形式，给 B 站回了一封“信”，完成一场“云端对话”。

2023 年 1 月 14 日，B 站发布春节特别企划《第 3286 个站》。

《3285 个铁路车站的回信》短视频，由《人民铁道》报业有限公司影视中心摄制，在 2023 年 2 月 15 日春运正式结束当天，通过中国铁路官方微博账号、人民铁道微信公众号等平台发布。

视频生动讲述春运期间一线职工坚守奉献的故事，讴歌铁路人深入践行“人民铁路为人民”宗旨，温暖旅客回家路的初心。这封“回信”“润物细无声”地展示了疫情防控进入新阶段后的首个春运里，流动中国呈现出的生机和活力，传递出回家路上感人至深的人文情怀，展现了中国铁路发展的巨大成就，讲述了平凡铁路职工的付出和奉献。在 3285 个车站里，有火车司机、检修工、接触网工、养路工、上水工、信号工……万家团圆时，他们坚守在岗位上，护佑旅客出行，只为实现更多人回家过年的愿望。

春运年年有，铁路春运故事也年年讲。此次案例策划，在优势平台和原有热度之上，以火车站为象征符号，以强烈的互联网思维架构情节、叙事、场景，策划和创意精巧，文本和画面精美，情绪饱满直抵人心，创造了正向的品牌价值和情绪价值，把春运故事讲出了新意，讲出了感染力。B 站《第 3286 个站》一经上线便广受好评，播放量破 125 万，点赞量破 4 万，还刷屏微博、微信视频号等主流平台，打动无数网友。《3285 个铁路车站的回信》发布之后，中央网信办全网推送，新华社、央视新闻、《人民日报》海外版、强国论坛等 1500 余个平台、账号转发，总浏览量破千万。短片在 2023 年 4 月举行的第十三届北京国际电影节上获评“短视频单元”新闻类二等创优作品。

该案例突破了以往在春运宣传和公关活动中铁路媒体“自说自话”的传统模式，首次主动呼应一支“商业品牌广告片”，与民营企业互动双赢，传递正能量，成为公关创意和价值传播的经典。

该案例立意高、视野宽，将镜头从春运、车站、车厢延伸到 15.5 万公里铁路线、4.2 万公里高铁线上，关注千千万万普通百姓“迎春回家”的期待和喜悦，是一首交通强国和平安中国的交响曲。

2023 年 2 月 15 日，中国铁路微信公众号发布短视频《3285 个铁路车站的回信》。

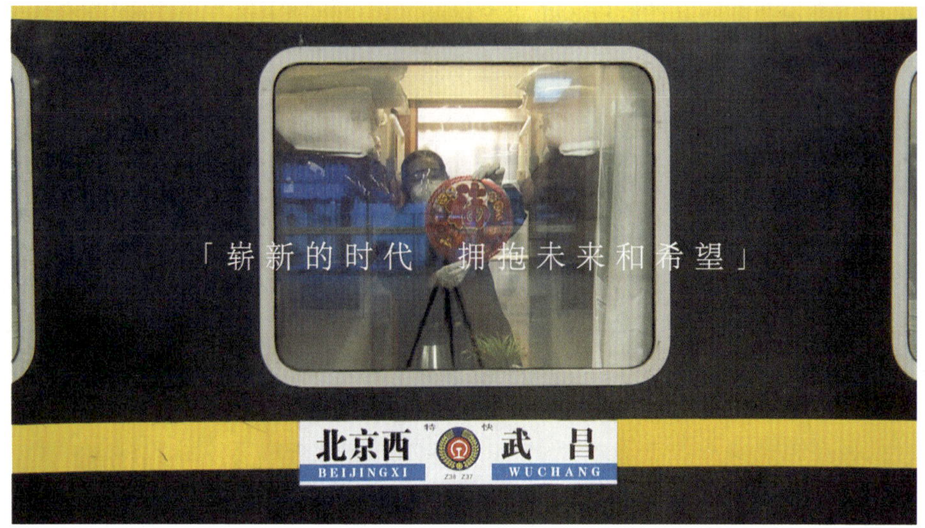

《3285 个铁路车站的回信》短片截图

《3285 个铁路车站的回信》产生了巨大的传播效果。“3285 个铁路车站与 B 站的双向奔赴”引发广大网友积极参与讨论，让更多年轻人了解国铁、喜爱国铁，提升了中国铁路在年轻群体中的知名度与美誉度。

《3285 个铁路车站的回信》产生了良好的公关效果，更立体地展现了铁路人的家国情怀，塑造了国铁企业勇于承担政治和社会责任、为人民群众美好生活不懈努力的良好形象。

《3285 个铁路车站的回信》产生了积极的社会效果。该案例助力营造了春节期间和谐温馨的舆论氛围，也对其他企业和组织如何主动引导热点议题，与其他组织和机构进行公关互补、双向赋能提供了样本和借鉴，其影响长远而深刻。

还有不少自媒体博主与海外网友交流观看感受。有博主点评称：“我无意间被朋友圈刷屏转发的另一条视频惊动——‘中国铁路’微博号发布的《2023 铁路春运：3285 个铁路车站的回信》。这实在有些出乎我的预料！我得承认我没有想到过事情会发展得如此出人意料，令人喜出望外！”“B 站

铁路春运中的铁路人

和中国铁路的两条视频，在以春运为时空的大场景下形成了彼此呼应的天作之合，构成了中国当代数以亿计人民在神州大地上奋斗与幸福的大画卷，必将成为中国广告创意和传播史上的经典！”

背景资料

《人民铁道》报业有限公司是中国国家铁路集团有限公司所属专业企业，由人民铁道报社转企改制而来。公司出版发行的《人民铁道》报于 1949 年 5 月 1 日创刊，由毛泽东主席亲笔题写报头，是我国第一家国内外公开发行的产经类报纸。

《人民铁道》报业有限公司目前运维“人民铁道”“中国铁路”两大全媒体矩阵和报刊杂志共17个平台，包括《人民铁道》报、《旅客报》、人民铁道视频、人民铁道网、“人民铁道”微信公众号及视频号，“中国铁路”微博、微信公众号、抖音、快手等，以及双月刊《报林》。

《人民铁道》报业有限公司影视中心是铁路影视新闻宣传媒体机构和铁路影视音像节目制播及发行机构。近年来，影视中心努力探索创新、用心用力用情，创作了一批视频精品，上百件作品获得国家级、省部级奖项。

铁路是国民经济大动脉、关键基础设施和重大的民生工程，公共关系是铁路重要的工作领域。从政治责任看，铁路的形象关系国家形象，是传播社会主义核心价值观的重要窗口；从社会责任看，铁路连着千家万户，事关国计民生，是公众高度关注的行业。从铁路自身发展看，国铁集团党组提出，铁路要勇当服务和支撑中国式现代化的“火车头”，国铁企业要打造世界一流企业。推动铁路高质量发展，必须发挥公共关系传播引导和协调各方的作用，凝聚社会共识，赢得公众支持，推动企业发展，讲好铁路故事和中国故事，服务党和国家工作大局。

专家点评

在春运这一大背景下，以普通人为主角，讲述平凡奋斗者的不平凡奉献，一直是品牌春节宣传的重要视角。中国铁路将其主营业务平台“铁路”与年轻人聚集的媒体平台“B站”巧妙结合，以云端回信的方式，吸引了全社会特别是年轻人的关注。

B站作为年轻人的聚集地，通过发布《第3286个站》短片，吸引了大量年轻用户的关注。中国铁路随后发布的回应视频，进一步深化了双方的互动，让年轻人感受到铁路的温暖与力量，成功传递了中铁“人民铁路为人民”的核心价值。

这个案例准确把握了春运这一社会热点，巧妙利用了春运承载的回家团圆的情感诉求，并结合B站的影响力，形成了强大的传播效果。本次中国铁路与B站的合作，摒弃了传统高高在上的姿态，采用了贴近人心、充满温情的叙述手法，细致入微地记录了普通人的生活片段和真挚情感，大大增强了品牌与用户之间的情感联结。

这种以小博大的议题设置，展示了诸多细腻感人的细节，站位高、立意新，效果显著。通过春运这一社会热点场景，铁路与B站的云端互动，不仅让普通人与车站的情感连接更加巧妙，也让“回家过年”的文化传承变得更加鲜活和生动。此次案例不仅是一次成功的跨界合作，更是一次优秀的内容共创实践。

（点评专家：孔晶）

港口直播“中国制造”走向全球引发海外破圈传播

环球网“在世界第一大港，目送‘中国制造’走向全球”主题全球直播活动介绍中国在促进世界经济增长中的重要作用，记录中国经济复苏的强劲脉搏，引发全球“破圈”传播。国内相关短视频 + 直播总播放量达 2.3 亿，海外平台直播观看量超 117 万次，我国多位外交官向全球推荐。

2023 年 6 月 30 日上午 9 时，环球网策划的“在世界第一大港，目送‘中国制造’走向全球”主题全球直播活动，在宁波舟山港梅山港区、穿山港区和大榭港区等地开展。活动恰逢“七一”建党节重要时刻和“一带一路”倡议十周年契机，向全球解读港口视角下中国在促进世界经济增长的重要作用，记录经济复苏的强劲脉搏。

宁波舟山港是全球首个年货物吞吐量突破 10 亿吨的大港，也是世界集装箱运输发展最快的港口之一，是国内重要的集装箱远洋干线港，还有铁矿石中转基地、原油转运基地的功能。直播以外贸“新三样”（电动载人汽车、锂电池、太阳能电池）和港口“一带一路”航线建设内容，展示“一带一路”倡议对中国和世界经济增长的积极影响，以及中国与沿线国家地区分享的发展红利。

活动由中央企业媒体联盟、宁波市委网信办指导，环球网全平台直播，国资小新、中交集团、中国铁塔、上海振华重工、中交三航局、浙江省海港

“在世界第一大港，目送‘中国制造’走向全球”主题全球直播

集团、宁波舟山港集团提供直播支持。新华网、中国网直播、人民政协网等媒体及多个海外媒体也进行直播报道，共同见证“中国制造”滚滚出海。

该活动面向全球网友，以“2 小时实时直播 + 24 小时慢直播”的形式，在环球网国内短视频矩阵与海外平台账号同步直播，118 个各级媒体账号与央企平台转播，覆盖抖音、快手、B 站、微博、Facebook、X、TikTok 等多个国内外传播平台。国内相关短视频 + 直播总播放量超过 2.3 亿，海外平台直播观看量超 117 万次，触达近千万海外受众，被中国“外交天团”倾力推荐。“世界第一大港”“女司机千米之外抓集装箱”“宁波港无人卡车”“蚂蚁搬船”“中国制造走向全球”等多个话题登上了抖音、快手、B 站等平台热搜，网友积极参与互动，反响热烈。

面对美国为首的西方国家唱衰中国经济、否定中国对全球产业链供应链安全重要贡献的复杂国际舆论环境，直播让海外民众直观了解中国在维护全球产业链供应链稳定畅通上持续发挥的作用，环球网 Facebook、X、TikTok 等海外平台账号直播观看超 117 万。直播还吸引了一些外国网红和媒体人评

环球网记者在舟山港采访中交三航局工作人员。

论。“棒极了！宁波舟山港是如此先进和智能。”来自埃及的歌手 Demiana Tadrous 如此评论。德国米其林厨师、美食博主 Ludwig Strobel 赞赏中国港口的先进技术和设备，高度的自动化和智能化。意大利博主 Federico Sabatini 则表示：“真是令人震惊的成就！”中国驻意大利使馆将该直播活动案例编入其月度新闻摘编，向意政界、商界、学术界、媒体界等 3000 人定点投送。

活动中，环球网坚持客观讲述，善用直播的力量。除了深入一线的现场直播，还用 24 小时慢直播记录港口的高效工作。在“5G+ 智慧港区”，肉眼可及范围内的工人数量屈指可数，只有若干集装箱卡车在堆场内有序穿行。无人驾驶的集卡车来到桥吊下，高大的桥吊精准抓起集装箱放到集卡车上后，无人集卡即刻启动，沿着系统给出的轨迹，行驶、转弯、绕行，最终驶入集装箱堆场指定位置，全程使用港区的安全限速，充分展现了港口的智能化水

宁波市副市长接受环球网记者采访。

平。采用不同的直播形式，可以让更多的观众切实地了解宁波港日常工作的繁忙有序的状态，充分体现“中国制造”“中国智慧”。

有趣策划，善用互动力量。这次直播活动环节策划丰富，兼具深度内涵与趣味性。记者不仅可以实地参观体验港口日常运转工作，还可以亲身体验高空塔吊操作，体验如何通过无人集卡“打卡上班”。在具体直播活动策划中，还有各种设计环节，例如邀请龙门吊女司机展示操作港口设备，其瞄准集装箱、调整位置、抓取成功、将货物放至指定位置的整个过程用时不到2分钟。直播中，环球网主持人登上数十米高的桥吊，进入几平方米的操控室，感受像“抓娃娃”一样地高空抓取集装箱。丰富、生动的主体活动引发国内外广大网民对中国超级工程的关注热潮，反响良好，多个相关话题登上社交媒体热搜。

台前幕后，释放权威声音。活动邀请宁波市副市长李关定来到直播间，

世界超级大港宁波舟山港

权威详细解读宁波舟山港对全球供应链畅通的关键意义，对中国外贸出海的重要作用。环球网新媒体运营部总监朱马烈也表示，宁波舟山港是中国外贸的一个缩影，体现了中国经济发展的强劲动力。宁波舟山港通过大量出口商品证明了中国是全球供应链“稳定器”。希望全球的受众能看到中国是世界巨大的商品市场，并将发展的机会提供给全世界各国，让大家共享中国发展的红利。

背景资料

环球网（www.huanqiu.com）由人民网和环球时报社联合主办，经人民日报社、中央网络管理部门批准，于 2007 年 11 月正式上线，属于中央有关主管部门认可的可供网站转载新闻的中央级新闻单位。环球网凭借强大的媒体平台和原创内容生产力，全方位跟踪全球热点，第一时间传递中国声音，是中国人了解世界首选的信息分享平台，也是海外媒体转引率居高的中国媒体之一。

环球网以“联接中外，沟通世界”为使命，通过及时准确、角度独特的国际资讯和深度分析，消除中国与世界的信息鸿沟；通过打造多语种跨文化的融媒体服务平台，助力中国企业走向成功。

近年来，环球网在公共关系领域频频发力，开展了不同主题的直播活动，打造多个“爆款”，收获了良好的传播效果。

2022 年 6 月 26 日，环球网参与策划的全球直播“世界海中最高猫道”挑战赛活动，是中国首个聚焦世界级超级工程、以趣味挑战赛为形式的全球大型全景直播活动。2023 年 8 月 15 日，首个全国生态日，环球网策划的“追风逐日！探秘大草原与戈壁滩上的风光热电超级工程”主题全球直播活动，实地探访中国能建天津电建乌兰察布新一代友好绿色电站示范项目、中国能建哈密 50 兆瓦熔盐塔式光热发电项目两座超级工程，展示绿色电力样板工程。2023 年农历小年，“2023 为中国加一点，造岛神器为祖国填海拓土”活动，是首个“填海拓土”全球 5G 直播，助力讲好中国式现代化故事。环球网主持人以第一视角带领网友们探访船体内外，近距离目睹中国大国重器真容。“2023 为中国加一点”地图打卡拜年互动游戏、“新陆地”岩砂文创奖品设计、“云围观”主持人丈量新陆地等新颖环节吸引众多网友。

2024 年上半年以来，环球网直播团队继续发力超级工程、大国重器与硬核科技直播，共进行相关直播 6 场，综合运用 5G 高清直播、无人机航拍等先进技术手段，以镜头展示中国的先进科技、宣传中国方案、讲好中国式现代化故事。

环球网直播团队也在“烟火气”直播上发力，共进行 4 个系列共

9 场直播，以主持人穿汉服出镜、亲身体验游乐项目等趣味方式，结合当时的文旅热点，宣传传统文化、展示各地的文旅消费热潮和城市活力、引导正确的价值观。

环球网直播团队还多次快速反应，在国内外的热点事件、突发新闻发生后立即搭建直播间，跟踪事件动态、回答公众关心的问题、引导积极正确的舆论，共举行 5 个系列共 7 场直播。配合专家连线、现场画面展示、特约嘉宾出镜对话、慢直播等不断创新的形式，直播在各平台的观看量屡创新高。

专家点评

本案例有几个成功要点值得学习。首先，俗话说“耳听为虚，眼见为实”。讲好中国故事，塑造中国形象，最好的方式是直观。但是当没有条件让更多人能够直接来中国直观的时候，借助现代科技，通过网络直播让亿万国内外公众身临其境地观看，也是一种很好的方式。而且，不仅要用自己的平台讲故事，最好能联动世界各国的平台一起讲，这样更具有客观性和可信度。

第二，塑造形象喊口号、下定语，不如“解剖麻雀”，让公众自己去做判断。环球网在世界第一大港——宁波舟山港目送“中国制造”走向全球的主题活动，就是通过日常运作来展示中国改革开放由弱变强走向世界。

第三，讲故事切忌一味说教灌输。视频传播一定要“好看”“有趣”，否则观众扭脸就走。他们采用了互动的方式。既有客观讲述，也有副市长权威声音解读，还有主持人亲身体验吊车操作，龙门吊女司机展示操作设备，从细节入手，使直播变得亲切自然，引起关注热潮。

第四，同样的日常工作，何时展示？这也是公关策划非常重要的环节。环球网选在“七一”建党重要时刻和“一带一路”倡议十周年的契机来记录中国经济强劲复苏的形象，使这样一个日常工作的展示备受关注。

以上这些做法对于我们向世界讲好中国故事、传播好中国声音很有借鉴意义。

（点评专家：李兴国）

央企央媒齐上阵
国家能源集团联办金砖媒体论坛

中国国家能源集团与新华社联合南非有关机构在南非约翰内斯堡共同举办了第六届金砖国家媒体高端论坛。央企央媒齐上阵，国内国外共探讨，助力讲好中国故事，传播好中国声音，在国内外受到广泛关注与好评。这是中国公共关系领域一次全新的尝试，也是中国公共关系服务高质量发展的具体实践。

2023 年 8 月 19 日，作为第十五次金砖国家领导人峰会的配套活动，第六届金砖国家媒体高端论坛汇聚了来自近 30 个金砖和非洲国家近 100 家媒体、智库、国际组织等机构的约 200 名代表，围绕“金砖国家与非洲：加强媒体对话，共享公正未来”主题展开深入讨论，为构建金砖高质量伙伴关系、发展壮大金砖机制汇聚强大合力。

论坛发布了《习近平经济思想的时代特质和实践价值》《改变中国的“第二个结合”》两篇智库报告的英文版、法文版，对外宣介习近平经济思想，是习近平经济思想在非洲成功实践的有力例证。习近平经济思想和习近平主席关于“第二个结合”的重要论述，是习近平新时代中国特色社会主义思想的重要组成部分，是中国共产党不懈探索人类经济社会发展和现代化建设、推进马克思主义中国化时代化形成的宝贵思想结晶。

新华社报道《让智库合作成为金砖合作的一块“金字招牌”——金砖国

家媒体高端论坛智库报告发布暨研讨会综述》称，在论坛举行的专题智库研讨会上，与会各界人士普遍认为，当前国际形势正在发生深刻变化，新华社国家高端智库发布的报告为各国受众打开了读懂习近平新时代中国特色社会主义思想的一扇窗，有助于更好地了解中国发展奇迹的密码，也开启了金砖国家媒体和智库合作的更广阔空间。

据报道，作为世界最大的能源供应商之一，国家能源集团在南非开发建设的德阿风电项目是南非最大风电项目，每年可为 30 万户居民提供清洁风电，创造性地构建了一种使项目、企业、社会、环境共融共生的生态发展模式，成为共建“一带一路”倡议的典型代表。

在论坛智库报告发布暨研讨会上，国家能源集团传媒公司分享了国家能源集团在能源与美好生活方面的实践与探索；在“创新驱动，共促绿色新增长”分论坛上，国家能源集团德阿项目所在地德阿市政市长格拉德威尔·恩昆比、德阿项目高级雇员达思文·巴松分享了该项目与当地真诚合作、共享共赢的做法与成效。

2023 年 8 月 19 日，由新华社与国家能源集团联合南非有关机构共同举办的第六届金砖国家媒体高端论坛在南非约翰内斯堡举行。

论坛践行了公共关系服务高质量发展的理念，打通国内外多种传播渠道，助力讲好中国故事，引发了国内外媒体对中国国家能源集团和龙源南非公司德阿风电项目的广泛关注。

国内外媒体多维度多语种传播，引领权威议题充分落地。截至 2023 年 8 月 28 日，“金砖国家媒体高端论坛”“龙源南非公司德阿风电项目”相关信息达 7135 篇（条），其中，《人民日报》、中央广播电视总台等 64 家中央媒体报道 431 篇。新华社播发中文稿件 30 篇，客户端阅读量达 1.08 亿，其刊发的关于集团和德阿风电项目的对外报道稿件内容被美联社、彭博社、法新社等 30 多家国际媒体平台报道，世界各国媒体转载报道超过 3800 次。

本次论坛活动借“势”宣传。结合国家重大活动，提前策划，突出服务国家重大战略，密切与上级单位、中央媒体、兄弟单位等各相关方协调沟通，以发布案例报告的形式，重点宣介集团所发挥的作用和所作的贡献。

积极组织筹备以借“力”传播。与头部央媒开展合作，做好重大主题采访宣传，借助央媒的力量和资源，通过多元化表达形式，增强宣传报道的权威性和正向议题的凝聚力，发挥央媒引导舆论的关键作用。

广泛动员领域内资源实现借“嘴”发声。借助国内外行业专家、网络大 V 等群体之口，通过“第三方”客观理性发声，讲好集团高质量发展故事和新时代中国故事，不断壮大为集团发声的“朋友圈”，为集团发展营造更加有利的舆论环境。

在海外打造良好舆论环境，赢得国际社会赞誉。论坛期间，国家能源集团在南非及其他金砖国家、非洲国家树立了世界一流企业的正面形象，为集团在相关地区现在和未来的国际项目拓展创造了良好的舆论环境，提供了强劲有力的支持，获得了国际社会的认可和赞誉，是中国公共关系服务高质量发展的鲜活案例。

背景资料

国家能源投资集团有限责任公司于 2017 年 11 月 28 日正式挂牌，是经党中央、国务院批准，由中国国电集团公司和神华集团有限责任公司联合重组成立的中央骨干能源企业，是国有资本投资公司改革、创建世界一流示范企业、国有企业公司治理示范的试点企业。

集团拥有煤炭、电力、运输、化工等全产业链业务，在煤炭安全绿色智能、煤电清洁高效稳定、运输物流协同一体、现代煤化工高端多元低碳、新能源多元创新规模化发展等领域取得全球领先业绩。

国家能源集团积极服从服务国家战略、保障国家能源安全、助力国民经济稳增长，认真贯彻“四个革命、一个合作”能源安全新战略，深入实施“一个目标、三个作用、六个担当”发展战略，即围绕全面建设世界一流清洁低碳能源科技领军企业和一流国有资本投资公司这一战略目标，发挥科技创新、产业控制、安全支撑三个作用，担当能源基石、担当转型主力、担当创新先锋、担当经济标兵、担当改革中坚、担当党建示范。

专家点评

比参与一场高端论坛更具品牌影响力的，是参与一场由众多媒体机构共同举办的高端论坛；比参与一场国际论坛更具全球影响力的，是参与一场由“国社”与多国权威媒体机构共舞的国际论坛！

国家能源集团这一央媒央企联动的高端公共关系举措，既融入了国家级重大外宣活动，服务了国家重大战略，也直接把自家的品牌置于近 30 个金砖和非洲国家的约百家媒体、智库、国际组织构成的权威传播机器天团之中。这一刻，讲好企业品牌故事也成了讲好中国故事的重要组成部分，因而也进一步丰满了世界一流企业的形象、彰显了世界一流品牌的担当。

（点评专家：顾环宇）

以杭州之韵展大国风采
华扬创想打造亚运主题宣传片

千幅丝绸，绣绘杭州“体育亚运”故事；见“纸”如面，共赴“智能城市”之旅；金石印章，刻画亚运温暖“印记”……杭州亚运会开幕式前夕，以“新亚运，杭州韵”为主题的三支宣传短片陆续上线，迅速引爆网络。宣传片爆火的背后，是公关团队的精心策划与跨界传播，既讲好了中国故事又讲好了世界故事，既弘扬了中国文化也唤起了国际共鸣。

杭州亚运会是党的二十大胜利召开之后我国成功举办的规模最大、水平最高的国际综合性体育赛事。为树立赛会品牌和主办城市形象，充分展现中华文化的感召力，华扬创想以“新亚运，杭州韵”（Asian Games, Hangzhou Charms）为主题制作了三支主题宣传片——《亚运 Show 杭州》《亚运 Go 杭州》《亚运 In 杭州》，分别以丝绸、剪纸和印章为载体，讲述杭州亚运故事，既满足了海外受众的跨文化认知需求，也精准契合了观众审美，引发了广泛的情感共鸣。

作为“新亚运，杭州韵”主题宣传片的启幕之作，《亚运 Show 杭州》是一支由丝绸刺绣制作而成的定格动画，用千余幅丝绸绣绘出“体育亚运”的故事。该片以一名跳水女孩为开场，在自然山水的映衬下，少女从跳台一跃而下，泳池里溅起的水花化为海上翻涌的朵朵浪花，一场奇幻的亚运之旅就此徐徐展开。标题中的“Show”取自“绣”的同音，在英文中亦有展示、亮相之意，彰显着杭州这座亚运之城的体育精神和江南韵味，也欢迎全球友人相聚于此，在山水城市中共同体验竞技与休闲的完美融合。

延续首支宣传片定格动画的形式，《亚运 Go 杭州》以纸为媒，讲述了一段由智能手机开启的亚运城市之旅，从一部手机开始，只需轻触一块小小屏幕，杭州亚运会的会徽便跃然纸上。镜头于大小屏之间轮番流转，小屏中的可触和所见演变为城市中的所得和可感，邀请观众沉浸式感受全面升级后的亚运城市斑斓样貌，共赴一场跨越时间和空间的浪漫之约。

宣传片的收官之作《亚运 In 杭州》是一支由篆刻、书法、国画等中国传统艺术元素联袂呈现的创意动画，以金石篆刻的印章作为故事主角，发挥中文这一象形文字的传神表意功能，以西泠印社精巧的印章为载体，刻画了杭州亚运会带给人们的温暖和独特“印记”。

三支影片层层递进，从“体育亚运”到“城市亚运”再到“品牌亚运”，建立了国内外观众对杭州亚运的深度感知。

华扬创想为第十九届杭州亚运会打造的主题宣传片

创新展现形式，现代与传统奇妙交织。“新亚运，杭州韵”主题系列片做到了传统文化与现代艺术创作的融合，借传统文化之核，嫁现代创意之形，相互融合。例如，《亚运 Show 杭州》织绣千幅丝绸画面，融合《富春山居图》《菊丛飞蝶图》等艺术经典，借定格动画之手法构筑杭州亚运之“韵”。

汇聚共赢力量，激发共鸣情感。团队充分考虑当地企业、机构的文化 Icon 作用以及深厚的本地文化积淀，联合当地丝绸、印社等知名机构，打造出内涵深刻、深入人心的内容，最终实现传播的共赢及最大程度的民众共鸣。

聚焦亚运之美，引发受众共鸣。考虑到现代人快节奏、碎片化的生活方式，团队在剪辑时将杭州亚运之美充分展示在每一帧的画面里，让人们在无数个瞬间的惊艳中产生共鸣，拼凑出一个属于自己的杭州印象、亚运印象。

三支宣传片受到海内外观众的广泛喜爱，成为亚运爆款。该系列视频由杭州亚组委官方首发，覆盖微信、微博、抖音、头条、视频号、X、Facebook、YouTube、Instagram 等平台，在全网形成传播报道的强力矩阵，构建起立体多样、联动世界的传播体系，收获了线上播放量破亿的巨大影响力。据统计，宣传片线上播放量破 1 亿，微博话题两天内阅读量超过 2700 万，17 个国家和地区的媒体转发报道，在国内外 11 个社交平台进行传播。在杭州亚运会海外官方账号上“最受欢迎”栏目中，三支宣传片被长期置顶。其间，视频在主媒体中心、杭州地铁等线下大屏持续滚动播放，获得民众广泛好评。

截至 2023 年 12 月，该系列视频已累计获得境内外媒体包括《人民日报》、新华社、中央广播电视总台、CGTN、《中国日报》等党政央媒及其外宣媒体的超千次转载。包括美联社、路透社、《时代周刊》、香港凤凰卫视、台湾《联合报》等在内的国际及港澳台媒体参与报道，报道媒体覆盖美国、英国、日本、韩国、澳大利亚、新西兰等 17 个国家和地区，共同将亚运故事讲述并传递给全球数十亿观众。特别值得一提的是，“新亚运杭州韵”微博话题阅读量超过 2700 万。在 Facebook、YouTube 和 X 上，该话题累计获得近 200 万播放量，第三支视频《亚运 In 杭州》成为杭州亚运会 Facebook

官方账号上“最受欢迎”的视频内容，并被长时间置顶在主页首页。

三支宣传片还受到了海内外网民的广泛称赞，累计播放量破亿，得到了驻美国大使馆发言人、驻洛杉矶总领事、驻巴基斯坦大使馆文化参赞、蒙古国奥委会主席的点赞转发。各国观众不仅对视频中呈现的细节连连赞叹，也对其创意创新的表现形式无比欣喜，“丝绸绣画的色彩和细节令人惊叹”“这更像是一部流动的艺术画册”“真心赞美这种将体育与艺术相结合的创新表达方式”“很有创意，加油杭州亚运，坚持我们传统文化的输出，总有被看到的一天。”“从甲骨文变图标，这种形式真的很有创意。”

背景资料

北京华扬创想广告有限公司是华扬联众集团旗下全资子品牌，致力于以创新公关驱动增长，整合全渠道信息技术与传播服务，在北京、上海、广州设有分公司，服务范围覆盖中国大陆地区，服务的客户包括汽车、快消、消费电子、金融等多个领域，曾多次荣获中国广告长城奖、金投赏、金网奖等各类广告奖项。

基于对创新时代数字营销变革的理解，以及对消费者的深入洞察，华扬创想以创新公关思维去理解客户，运用在行业内首创的“创新公关大罗盘”作为创新数字营销时代的方法论，其中包含四大运营策略：品牌创意事件化、线下体验社会化、官方阵地用户化、媒体运营粉丝化，旨在以四大运营策略来推动合作伙伴的市场增长和品牌建设。同时，借助华扬联众集团整体大数据能力和技术体系，综合运用各类营销工具，包括：星运营销链、麦哲伦系统、HYMIS 系统、元宇宙构架等众多营销工具和技术支撑，为客户创造更大的品牌价值和市场空间。

专家点评

“中国的，更是世界的”，华扬创想的公关团队的小伙伴们创新表达方式，将中华优秀传统文化与现代科技和艺术展现形式相结合，将体育与艺术相结合，以“新亚运，杭州韵”为主题，制作了三支主题宣传片，分别以中国传统文化中最具代表性的丝绸、剪纸、金石印章为载体，展现杭州本地丰富的文化积淀，以创意动画创新展现形式，融汇现代与传统、交织体育与艺术，从体育亚运，到城市亚运，再到品牌亚运，层层递进，讲述不同层面的杭州亚运故事，以杭州之韵展现中国之美，深化了中外观众对中国文化的认知。尤其是他们非常注重海外传播，打造了全球传播的媒体矩阵，重视和发挥社交媒体平台力量，通过微信、微博、抖音、头条、视频号、X、Facebook、YouTube、Instagram 等国内外 11 个社交平台，达成线上播放量破亿的巨大影响力，共同将杭州亚运故事、将中国故事讲述给全球数十亿观众。

（点评专家：安峰山）

杭州市公关协会策划全国联动环保行动

杭州市公共关系协会与杭州市生态环境局联合主办“同心护蓝天 携手迎亚运”的全国联动大型环保行动，以公共关系助力美丽中国建设。国内超过 20 个省（自治区、直辖市）的 20 多家社会组织共同参与其中，让公众更为生动真切体会到生态环境保护的重要性，有效提升公众认知。这是公共关系助力生态文明建设的一次生动的创新实践。

为迎接杭州第十九届亚运会的隆重开幕，杭州市公共关系协会策划了“同心护蓝天 携手迎亚运”的全国联动大型环保行动，携手杭州市生态环境局联合国内各地公共关系协会及环保组织参与。

2023 年世界环境日的全球主题为“塑战速决”，特别强调了减少塑料污染的紧迫性。中国主题是“建设人与自然和谐共生的现代化”。本次活动响应 6 月 5 日世界环境日主题，呼吁全社会对塑料污染问题的关注，提高公众对环境保护的认知，倡导绿色生活，共建人与自然和谐共生的美丽家园。同时，充分展现杭州市在环境保护方面的决心和成果，唤起人们对环境保护的责任感和行动力，积极响应亚运理念，为亚运会营造绿色、文明、和谐的氛围。

6 月 3 日上午，活动在杭州美丽的西子湖畔拉开帷幕。当日现场，来自

毅行队伍行进在西子湖畔。

杭州市公共关系协会、市生态环境局、市人民检察院、市中级人民法院、市公安局、市房管局、市市场监督管理局、市工商联等机关企事业单位组成的25支代表队以及社会组织成员、市民、新闻媒体代表等共计200余人参加环保毅行及清洁城市活动。身穿红色马甲的志愿者不仅随手捡拾垃圾，还积极向市民和路人宣传“绿色亚运”理念，传递出美丽中国建设从“人人”做起、从身边小事做起的理念，充分互动，活动现场气氛热烈。

在活动启动仪式上，杭州市环境集团八位一线员工现场表演《家书纸短，家国情长》朗诵节目，他们用朴实真诚的语言，声情并茂地向大家讲述环境父子兵、清运夫妻档、师徒工匠情、青年奋进强等感人故事，展现一代又一代环境人扎根天子岭，传承发扬“特别能吃苦、特别能战斗、特别能奉献”的环境精神。

在活动的表演环节中，中国计量大学大学生艺术团嘉量舞蹈团同学、杭州市环境集团员工和浙江省直单位青年为大家带来精彩的舞蹈表演、诗歌朗诵和合唱曲目，展现出青年和企业机关代表对环保行动的关注和期望。

本次活动由中国国际公共关系协会地方组织委员会指导，得到了江苏、安徽、广东、贵州、内蒙古、湖北、重庆、吉林、陕西、福建、海南、河南、江西、山东、甘肃、广西、新疆等全国 20 多个省（自治区、直辖市）社会组织、地级市社会组织的积极响应。除杭州主场外，全国各地 25 座城市共有近 2000 人直接参与本次活动。

本次活动将主题与杭州亚运会“绿色、智能、节俭、文明”的理念相结合，

环保志愿者在清洁城市。

毅行代表队与亚运吉祥物合影。

通过线上线下媒体宣传，提高活动知名度及影响力。新华社、学习强国、杭州日报、潮新闻以及各省市门户网站及社交平台跟进报道活动信息，其中新华社客户端浏览量超过 56.5 万，进一步扩大了活动影响力和知名度。

杭州市公共关系协会负责人刘江介绍，在世界环境日开展的毅行及清洁城市活动已连续多年，已成为与环保紧密结合、促进全民健康的杭城品牌活动。“保护环境人人有责，我们希望广大市民积极参与到环保行动中来，从身边小事做起，为环保事业添砖加瓦。”

第十九届亚运会于 2023 年 9 月至 10 月在杭州举办，这是全亚洲人民的共同喜事。主办单位通过本次活动，旨在营造良好亚运氛围，以更加清洁美丽的城市风貌迎接第十九届杭州亚运会的胜利召开，同时号召全体杭州市民树立绿色低碳的环保意识，共同守护同一片蓝天白云，坚持打造“人与自然和谐共生”的现代化，为建设“美丽中国”、实现“绿色中国”梦想贡献杭州力量。

工作人员为毅行小朋友摘手环兑换奖牌。

本次活动的成功举办，不仅展示了杭州市在环境保护方面的决心和成果，同时也唤起了公众对环境保护的责任感和行动力。杭州市公共关系协会也将继续努力，借助公关的力量，推动环保事业的发展，为建设美丽中国贡献力量。

背景资料

杭州市公共关系协会由杭州市民政局批准，成立于 2009 年 4 月 18 日。自成立以来，杭州市公共关系协会遵守宪法、法律、法规和国家政策，遵守社会道德风尚，致力于成为公共关系领域的推动者，政府决策的智库，社会认可、公众信任的社会组织。积极开展公共关系理论研究和实践，推动新时代中国特色公共关系事业健康发展；开展高水准公关活动，履行服务政府职能，参与社会治理；组织策划形式多样、内容丰富的公关活动，为国内外组织机构、企事业单位和社会团体搭建沟通交流平台。立足杭州，面向世界，促进文明交流互鉴，推动构建人类命运共同体。杭州市公共关系协会内设一个智库、五个委员会、两个中心：智库，经济社会委员会、学术委员会、危机干预专家委员会、健康委员会、对外传播指导委员会，公共关系研究中心、医养研究中心。

专家点评

该活动时机和主题选择得非常好。我们只有一个地球，人类共同面临着生态变化生死攸关的问题。杭州市公共关系协会把第十九届杭州亚运会开幕和 2023 年世界环境日这两个国际性重要时间节点结合起来，策划一个与关乎全人类命运的环保问题密切相关的活动，是一个很好的公关案例。

公共关系要广交天下朋友，这次环保活动杭州市公关协会联系市生态环境局等企事业单位组成 25 支代表队一起行动，并得到全国二十多个省（自治区、直辖市）的社会组织积极响应。在全国各地 25 个城市同时开展这项活动，可谓一呼百应，号召天下人做天下事，共同保护我们的地球家园。

高尚的公关公益活动也可以办得有趣，办得生动活泼，这种做法值得推广。在活动启动仪式上，一线职工、在校大学生、企业事业单位职工，进行了歌舞、朗诵、合唱等多种形式的表演。一个主题多种传播，文艺助阵，线上线下相互结合、相互促进是搞好公关活动的一个新趋势。

这个活动不大，成本也不高，但意义重大，希望不仅在每年的世界环境日组织开展，还能延伸开来。同时，活动提升了公众环保意识，例如，通过宣传让市民们自觉主动减少对塑料袋的应用，从身边小事做起，为环保事业添砖加瓦。

（点评专家：李兴国）

05

危急时刻 信任凸显

突发应急篇

中盐集团保供稳市 主动发声 平息抢盐风潮

面对“食盐抢购”风潮，中盐集团果敢、冷静、率先发声，承诺保供稳市不涨价，稳定市场信心，相关声明 24 小时内浏览量突破 140 万，打出一套漂亮的危机处理“组合拳”，得到了政府部门和社会各界的广泛认可。

2023 年 8 月 24 日，日本核污染水排海事件引发全国性食盐抢购风潮，中盐集团及时有效组织应对，第一时间启动预案，第一时间率先发声，第一

8 月 24 日下午市场抢购苗头初现，中盐集团第一时间召开食盐调度会议，启动应急工作机制。

中盐企业 24 小时不间断紧急装运、配送，确保终端网点食盐上架。

时间保供稳市，三天抢购风潮平息，一周食盐市场恢复平稳。在全国出现食盐抢购现象的关键时刻，中盐集团立即启动应急预案，对外及时发声引导舆论，对内加强调度保供稳价，市场秩序恢复平稳。

8 月 24 日当天，中盐集团发布《关于保障食盐市场供应的声明》。声明提到，中盐集团作为我国盐行业唯一中央企业，保障食盐市场供应和质量安全是自己的首要责任。声明引用数据说明，我国对食盐实行定点生产管理，我国食盐来源主要分为三类：井矿盐、湖盐、海盐。当前我国的食盐产品结构占比为井矿盐 87%、海盐 10%、湖盐 3%，井矿盐和湖盐生产均不受日本核污染影响。该声明表示，中盐集团是世界最大的食盐生产企业，食盐产能超过 1000 万吨 / 年，其中井矿盐占比 95%、湖盐占比 4%、海盐占比 1%。中盐集团在全国有完善的产销企业布局，食盐储备供应充足。同时具有完备的产品质量管理体系和食盐安全风险评估体系，做到源头可追溯，质量安全有保障。声明还强调，部分区域市场发生食盐抢购，电商及部分商超渠道有短时缺货现象，企业正在加班加点生产、配送，全力以赴保障市场供应。请社会各界理性消费，不要盲目抢购。声明还回顾了中盐集团在 2003 年传染性非典型肺炎、2008 年汶川大地震、2011 年日本大地震和新冠疫情引发的历次市场波动中，均很好地保障了食盐市场供应，起到了压舱石和顶梁柱的作用。

中盐集团声明发出后，各类主流媒体和新媒体纷纷转载，带动各地方盐企陆续发声，汇成行业主流声量，使得公众能够更好地了解这次风潮真相，在最短时间内控制住舆情，消除了公众对食盐安全保供的疑虑，引导群众合理购盐，赢得了群众的理解和支持。《关于保障食盐市场供应的声明》发出 24 小时内浏览量突破 140 万，分享转发次数超过 12 万，并被人民网、央视网、新华网等诸多权威媒体相继转发，很快成为主流热点信息。应急保供期间中盐每日供货量约为平时的 10 倍，千方百计组织配送，承诺全力保供不涨价，稳定市场信心，圆满平息全国抢购风潮，获得了政府的肯定、媒体的支持和消费者的信赖。

北京商超一网点悬挂食盐保供稳价标语，安抚百姓恐慌情绪。

上海商超一网点张贴“盐有货”标识，稳定市民情绪。

此次事件中，中盐集团始终发挥“创新行业价值，服务民本民生，体现国家意志”三大主体功能，密切关注日本核污染水排海相关舆情，及时、主动启动应急机制，了解各地市场动态，建立日报制度，全力保障市场供应。通过迅速响应和有效措施，食盐抢购风潮在短时间内得到了平息，市场秩序恢复了平稳。这次事件的处置，不仅体现了中盐集团在危机处理中的能力和担当，也彰显了其对于民生问题的关注和重视。

迅速响应，稳定市场大局，彰显央企的社会使命。食盐抢购爆发初期，中盐集团及时了解舆情信息，分析市场恐慌原因，当天及时发布《关于保障食盐市场供应的声明》，主动公开行业信息，说明我国食盐消费的有关情况，承诺保障供应，消除恐慌情绪，稳定市场信心。同时，集团相关企业加强生产和运输调度，建立包保机制，调整生产结构开足马力生产食用盐，产销企业之间强化协同配合，全力以赴做好市场保供稳价工作，切实发挥出食盐兜底保障作用。以有力的央企声望、详实的数据支撑、严谨的论据论证，有效引领舆论走向，保障了市场稳定，关键时刻起到了央企顶梁柱和压舱石的重要作用，得到了政府部门和社会各界的广泛认可，“绿色中盐、品质中盐、责任中盐、百年中盐”的品牌影响力进一步提升。

背景资料

中国盐业集团有限公司（中盐集团）创立于 1950 年，现为国务院国资委监管的国有大型企业，是我国盐行业龙头企业、唯一中央企业和唯一全国性企业。长期致力于推动盐行业持续、稳定、健康发展，以服务民生为根本，保障全国食盐供应，特别是在应对食盐市场抢购风潮、突发自然灾害、新冠肺炎疫情等突发事件中全力保障食盐供应，维护了社会稳定。

中盐集团作为我国盐行业唯一中央企业，始终把保障食盐质量安全和供应安全放在首位，全面深化国企改革，推动供应保障能力持续提升。这次抢盐风潮的应对，既是对中盐发挥核心功能的一次检验，也为下一步提高企业服务国家战略和民本民生的能力本领提供了启示。

专家点评

在这一案例中，中盐集团面对涉及民生的公共危机事件，沉稳、及时、科学回应了社会关切，很好地塑造了企业形象、提升了品牌影响力。这不仅是一般意义上公关传播优秀案例，更有其深层意义。

任何成功的公关传播，首先是要依法行政。中盐的成功回应，是一个成功运用《中华人民共和国突发事件应对法》的好案例。尤其在对该法第八条的运用上，可谓得心应手。

其次，中盐不同于其他央企国企。食盐自汉代起就纳入国家统一的官营渠道，著名文献《盐铁论》说的就是这件事。所以，有关盐业的突发事件，事关政治、经济、军事、文化。中盐回应，从本质上说，是出色地落实了意识形态责任制。

由于此次事件，缘起日本核污染水排海事件，所以又是一次国际传播案例。中央已经把做好国际传播纳入了意识形态责任制管理范围，中盐的成功回应也在国际传播中起到了示范作用。

（点评专家：顾勇华）

中国移动空天应急通信系统助力灾区恢复通信

为有效保障京津冀及黑龙江、吉林 5 省（市）受灾区域网络通信畅通，中国移动通信集团公司策划组织并完成了“中国移动空天应急通信系统助力暴雨灾区恢复通信”工作。中国移动紧急调拨空天应急通信系统，为灾区人民提供基础通信保障，极大地鼓舞灾区群众信心，有效支持了抗洪抢险救灾工作开展。本次支援工作被中央和地方媒体积极报道，受到公众的广泛支持与赞扬，是中国移动国资央企担当的重要体现，也是品牌传播的一次有力实践。

2023 年 7 月 27 日起，受暴雨影响，京津冀及黑龙江、吉林 5 省（市）通信基础设施受损，应急通信保障任务非常艰巨。面对抢险的严峻形势，为有效保障受灾区域网络通信畅通，中国移动启用无人机基站、便携式卫星背包站、救生抛投器、卫星电话、越野应急卫星通信车等各类应急设备，并紧急调拨空天应急通信系统，深入受灾地区参与救援，为人民生命财产安全保驾护航。

2023 年 8 月 3 日，中国移动率先调拨空天应急通信系统到达河北涿州。经过现场数据配置和系统调测，早 7 时，空天应急通信系统顺利启用。中型无人机应急通信系统的启用，能够实现超过 30 平方公里的有效信号覆盖，支持 200 个用户并发业务，累计接入手机用户超过 1500 个，满足政府抗灾指挥部和附近人员密集区的基本通信需求。同时，该系统起飞要求低，对洪涝、地震等自然灾害或山地、河谷、高原等地形条件都有较强的适应性，能够满足应急救援的突发性需求。

“涿州的乡亲们，因暴雨致通信中断，中国移动紧急调派中型无人机应急通信系统抵达涿州上空，目前可从空中恢复停网区域的公网通信。请尽快联系家人，耐心等待救援。祝平安！”8 月 3 日早晨，涿州灾区的群众收到了这条来自空中的问候短信。截至 3 日上午 8 时，应急通信系统累计接入手机用户 1580 个，产生流量 2.3G，单次最大接入用户 187 个，有效保障了指定区域的通信需求，使得指定区域通信救援顺利。

此外，中国移动空天应急通信系统还分别飞抵北京门头沟、昌平，黑龙江五常、牡丹江等地，为灾区民众搭建信息桥梁，使他们能够及时获得救援并与亲人取得联系，极大鼓舞灾区民众信心，有效支撑了地方政府抗洪抢险指挥调度工作的开展。

此次支援工作被《人民日报》、新华社、《经济日报》、央广网、国资委官网等 80 余家中央及省市权威媒体转发转载超过 1 万次，相关支援抗汛视频曾 4 次登上新闻联播，全网累计曝光量超 10 亿次。其中，“涿州有信号了”“收到这条短信，请尽快报平安”“空中基站五常起飞”“打通通信‘生命线’”等相关话题迅速点燃网络，充分展现了中国移动的使命与担当，广大网友纷纷转发跟进，关注救

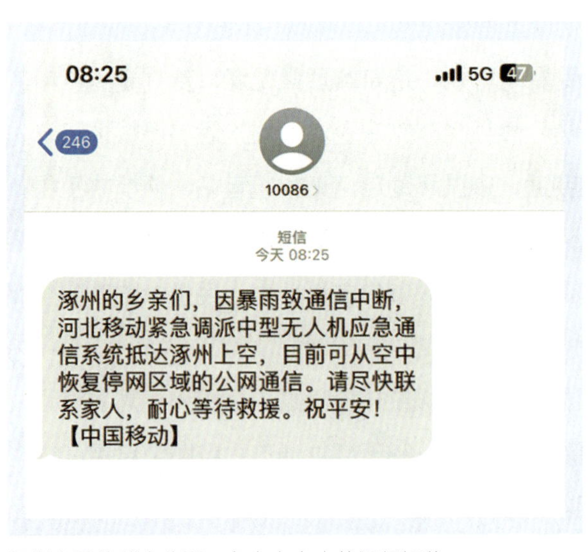

涿州灾区的群众收到一条来自空中的问候短信。

中国移动率先调拨空天应急通信系统。

援工作进展，并评论称："沧海横流，方显英雄本色。空、天、地，三位一体投入抗洪救灾，高科技大显身手！""科技的力量，点赞！"大力赞扬中国移动的高科技支援工作。

灾情发生后，中国移动第一时间启动应急保障预案，全方位展现应急领域核心能力、数字化新技术及"心级服务"。顺应公关双向性要求，利用移动短信积极与用户取得联系，极大缓解公众焦虑、恢复公众信心，引发了用户间的口碑传播；借力发声，正确引导舆论走向。借助热搜话题和主流媒体进行舆论引导，"涿州有信号了"等话题牵动广大网友爱心和同情心，实现极佳的传播效果；善用新媒体"发声"，聚焦抗洪救灾抢修一线，展现移动人的拼搏精神，以及移动各单位"一方有难，八方支援"的优良作风，获得用户持续关注；充分展现科技力量，打造"数智赋能，智慧应急"口号，主动传播中国移动"空天地"数智高科技应用，充分展现科技力量在应急救援领域的重要性。

此次暴雨灾情是对我国通信行业的一次重大考验。在面对挑战时，我国

受特大暴雨影响，北京市房山区十渡镇交通受阻，通信抢修车辆无法进山。2023 年 8 月 3 日，中国移动北京公司紧急调配了 2 台便携式卫星背包站，派出抢修队员通过背负方式携带基站奔赴十渡镇，为镇政府及周边百姓临时搭建了一个对外紧急通信环境。

通信行业展现了快速响应、紧密配合、科技创新的强大能力。运营商们紧急行动，为灾区人民送去了希望和温暖，也再次证明了科技在应对灾难中的重要作用。未来，我国通信行业将继续加强技术研发和应用，提升应急通信保障能力，为人民群众的生命财产安全提供更为坚实的技术保障。

面对空天应急通信抢险救灾工作，中国移动冲锋在前，用责任和担当树立正面央企形象和品牌，让移动通信服务“无处不在，无时不通”“关键时刻信赖中国移动”成为中国移动的生动写照，引发公众对中国移动科技水平、央企责任使命等的讨论，扩大传播范围，提升企业影响力。在 2023 年凯度 BrandZ 最具价值中国品牌百强榜单，中国移动排名由第 11 位跃升至第 5 位，位列央企品牌第 1 位。这是中国公共关系服务高质量发展值得借鉴的一个鲜活案例。

2023 年 8 月 1 日晚，中国移动防汛服务保障热线客服接到求救电话后，帮助被洪水围困的人员拨打 119 救援电话，为救援争取宝贵时间，最终被困人员成功获救。

背景资料

中国移动始终致力于推动信息通信技术服务经济社会民生，以创世界一流企业，做科技强国、网络强国、数字中国主力军为目标，坚持创新驱动发展，加快转型升级步伐，已成为网络规模、客户规模、收入规模“三个全球第一”，创新能力、品牌价值、公司市值、盈利水平“四个全球领先”的电信运营企业。

中国移动主动加强自身公共关系能力建设，一是注重内容质量和创意，持续制作专业、精良的文字、图片、视频等媒体产品，确保内容具有价值性、趣味性和可读性。二是建立多元化的沟通渠道，对内定期召开员工大会、部门沟通会等，对外通过官方网站、社交媒体平台及时发布企业动态、产品信息和行业资讯，以及通过 10086 客户服务热线及时回应客户的咨询和投诉。三是建立良好的媒体关系，主动向媒体提供有价值的新闻素材，积极邀请媒体参加 5G-A 商用发布会、中国移动全球合作伙伴大会、“移”起向新媒体行等活动会议。四是积极践行社会责任，推出“社会责任沟通日”“骑行守护计划”“全球通蓝色梦想公益计划”“反诈宣传”“适老化服务”等系列活动。未来，中国移动将继续努力，不断提高公共关系水平，为企业持续发展创造更加有利的条件。

本次通信保障事件传播中，一是快速响应很关键，在暴雨发生后，中国移动立即通过官方渠道发布公告，告知用户故障原因和预计恢复时间，并联动人民日报、人民邮电报、国资委主流媒体、政府部门做好协同传播，有效地安抚了用户情绪。二是透明沟通赢信任，通过社交媒体平台与用户进行实时互动，及时回复用户的提问，展示企业积极履责的态度。三是多渠道传播扩影响，通过微博、微信等社交媒体发布实时动态，同时在 10086 客服热线、中国移动 APP、灾区附近营业厅网店等渠道设置专门的事件发布、沟通板块，方便用户查询了解和求助。四是突出团队协作与奉献，通过图片、视频等形式记录移动人在抢修现场的工作场景，讲述他们的感人故事、传递正能量。通信保障事件的传播是一个复杂而重要的过程，通过以上几个方面可以增强公众的认同感和好感度，有效地提升事件的传播效果。

专家点评

所谓突发事件，是指“突然发生、造成或可能造成严重社会危害，需要采取应急处置措施应对的自然灾害、事故灾害、公共卫生事件和社会安全事件”。突发事件具有事发突然、关注度高、社会性强、危害性大的特点，在突发事件中做正面宣传，可以取得较大的传播影响，但正因为时间紧迫，关注度高，也具有较高的难度。本次公关事件，就是这样一次活动。

2023年7月27日起，受暴雨影响，京津冀及黑龙江、吉林5省（市）通信基础设施受损，应急通信保障任务非常艰巨。在这次暴雨灾情中，中国移动在采取各种技术，有效行动，保障和恢复通信设施，彰显应急能力的同时，也进行了有效传播，利用移动短信积极与用户取得联系，通过用户间的口碑传播，借助热搜话题和主流媒体进行舆论引导，树立了移动通信服务“无处不在，无时不通”“关键时刻信赖中国移动”的品牌形象。

危机处置的关键就是有效行动＋有效沟通。本次公关体现了这样的特点。如果说有需要提升之处，就是二者的平衡和衔接需要进一步提升，比如公关行动可以取统一的名称，再比如不同区域、不同时间的事件处置与传播重点的特色区分更加清晰等等。

（点评专家：刘笑盈）

子品牌身陷舆论危机 巴奴化危为机

旗下子品牌“超岛自选火锅”被媒体曝出“羊肉含鸭肉”问题，巴奴毛肚火锅快速响应，积极应对，主动要求子品牌多家门店停业整改，并取消其独立采购权，同时不惜血本亲自替子品牌赔偿消费者，主动向顾客赔付 835.4 万元，抢占了舆论先机，体现了企业认真负责的商业态度，坚守住了诚信本心，赢得了广大网友赞誉及业内认可，成功化解本次舆论危机。

2023 年 9 月，博主“猴大腕”在社交平台上发布“巴奴火锅子品牌羊肉卷掺假”系列视频，表示共花费 98 元在“超岛自选火锅”北京合生汇店购买了 6 盒肉类食材，其中 4 盒高钙羊肉卷被权威机构检测出鸭成分。该事件因涉及食品安全问题，迅速引发热议，并持续发酵了 5 周时间，全网信息报道超过 5.2 万条，引发了大量的舆论关注和讨论。

随后，超岛在其微信公众号发布关于羊肉卷的情况说明，称已第一时间将相关产品送检，并表示“积极配合，等待结果”。同时，为保障顾客权益，超岛决定对涉事羊肉菜品做暂时下架处理。9 月 6 日，巴奴毛肚火锅官方发布声明，承认超岛确实为巴奴集团旗下子品牌，虽自创立以来由独立团队运营，但集团对其负有“不可推卸的监督管理责任”，声明对因此事给顾客带来困扰表示抱歉，并表示将“追查到底，绝不姑息”。

待最新送检报告结果公示“羊肉卷确实含有鸭肉成分”后，巴奴迅速开展一系列处置工作：

在顾客方面，自 2023 年 1 月 15 日超岛合生汇店开业起，共销售 13451 份羊肉，涉及共 8354 桌，凡消费过该产品的顾客，自 9 月 8 日起可凭支付记录，到超岛合生汇店领取赔偿现金 1000 元。最终落实 835.4 万元赔付。

在供应商方面，与涉事公司终止合作，同时，巴奴集团取消超岛独立采购权，未来采购全权由巴奴集团负责。

在门店方面，巴奴表示，超岛北京合生汇店、丰科万达广场店、龙德广场店、石景山万达店即日起全部停业整改、全面彻查。

在人员管理方面，巴奴集团决定对超岛品牌总经理、超岛产品研发负责人、超岛运营负责人做出停薪留职的处理，重新学习、竞聘、评估后上岗。

2023 年 9 月 10 日，超岛工作人员登记理赔顾客信息。

2023 年 9 月 15 日，合生汇超岛门店停业整顿，专心为消费者理赔。

巴奴毛肚火锅品牌创始人杜中兵9月7日晚也发文道歉，称没有做好对超岛供应链的监督管理，导致了这次的问题。“这是我们的失误，也是我的责任，对此深感自责。”

在本次危机公关事件中，巴奴不惜血本主动替子品牌赔偿消费者，彰显了企业“顾客为大”的价值观，赢得了网友及业内认可，成功化解了舆论危机。多个网络大V热评此事，他们认为巴奴处理事情的态度应当肯定，这是比简单道歉更痛的认错方式。巴奴的这波赔偿性价比极高，既让消费者看到了诚意，也将压力给到了同行。

2023年9月8日，超岛创始人杜夯正面回应网络舆情并道歉。

2023年9月9日的直播间内，超岛创始人杜夯解释赔付流程，同时后台工作人员加班加点联系消费者。

在处置过程中，巴奴快速响应、主动承担、公开认错、兑现赔偿、接受监督，不推诿、不逃避，直面公众质疑，直面自身问题，用真诚回应危机，赢得了尊重。

一是快速响应，给事件调查争取足够时间。在博主视频发出的第二天，超岛和巴奴接连发布声明，及时向公众汇报事件解决进度，避免引起无谓猜测。

二是主动承担，真诚道歉。巴奴在确认博主爆料情况属实后，第一时间对外发布声明，赔付顾客，公布整改措施，真诚负责的企业态度为其赢得了消费者的认可。

三是迅速赔付顾客，主动替品牌发声。线上线下开通赔付通道，全天直播，实时回复疑问，以最快速度让顾客获得赔付款项。收到赔款的消费者纷纷在网上晒出得到赔偿的收款记录，肯定巴奴负责任的态度。同时通过官方抖音实时更新赔付进度，给媒体提供事件动态信息和素材，确保媒体传播信息的真实性和客观性。

四是兑现承诺，接受监督检查。现场随意抽查羊肉，确保公开透明。组织探访巴奴央厨，邀约媒体、网络大 V 以及顾客探访巴奴供应链，解答公众的疑问，重获消费者信任。

危机公关没有捷径，态度第一，真诚是第一法则。巴奴在此次公关事件中所表现出来的专业和真诚，得到了公众的广泛认可，帮助企业走出了舆论危机，挽救了企业品牌形象，为其他企业提供了有益的参考和启示。

背景资料

巴奴毛肚火锅，创立于 2001 年，开创了毛肚火锅品类，并引发了火锅的“毛肚热”。创业 23 年来，巴奴始终坚持“产品主义”理念，以“自然的美味”来赢得顾客口碑。根据《2024 年中国火锅行业发展白皮书》，毛肚是火锅的头牌菜，而巴奴是毛肚火锅第一品牌，目前在全国 40 多个城市，巴奴开出 140 多家直营店。

专家点评

对餐饮和食品企业来说，食品安全问题是一条不可触碰的高压红线，稍有不慎甚至可能引来倾覆之灾。巴奴毛肚火锅旗下子品牌“超岛自选火锅”被媒体曝出“羊肉含鸭肉”问题，这既是食品安全问题，也是经营诚信问题，处置不当，不仅子品牌会毁于一旦，母品牌也可能引火上身，自身难保。

巴奴火锅在面临这一严重舆情危机和品牌危机之际，没有敷衍拖延，没有躲藏隐瞒，没有推诿卸责，而是快速响应，主动担责，真诚道歉，严肃整改，主动垫付。其中几个危机公关动作特别值得称道：一是主动承认系旗下子品牌，表示集团负有“不可推卸的监督管理责任”，表示将“绝对追查到底”；二是主动替子品牌赔付消费者共计835.4万元，且线上线下开通赔付通道，全天直播，实时更新赔付进度，并向媒体提供信息和素材；三是与涉事供应商公司终止合作，取消超岛独立采购权，对多家门店停业整顿，对多名管理人员停薪留职处理等，展现了严肃处理态度。

此次巴奴火锅的危机公关处置很好地体现了“时间第一、态度第一、真诚第一”这一危机公关法则，彰显了企业“顾客为大”的价值观，成功帮助企业走出危机，打造了企业“教科书式的公关”。

（点评专家：安峰山）

甘孜文旅局回应游客关切获好评

甘孜文旅局坚决维护游客权益的相关回应引发网络热议，获得网友的积极支持。以甘孜文旅局为代表的地方政府部门，努力做到懂游客之所需，体游客之所感，明确游客、商家、政府等各方权责，搭建良好的公共关系沟通桥梁，统筹协调多元资源，为游客提供更优质的旅游服务，积极推动地方文旅产业的可持续发展。只有积极作为，敢于担当，以公共关系赋能地方工作开展，才能助力文旅产业更加蓬勃发展。

2023 年 2 月 26 日，有网友在短视频平台投诉四川甘孜州康定市一酒店，表示自己没入住想要提前退房，商家不仅拒绝退钱，而且多次在网友的评论下留言辱骂。随后，康定市文旅局回应称，经多方调查取证，将严肃处理。最终公布处理结果，一是查封该酒店并责令停业整顿，二是向当事人及广大网友公开道歉，三是向当事人退款并协商赔偿。同日，甘孜文旅局局长刘洪在抖音平台回应此事称，希望借此机会告诉甘孜所有经营户，“我们的酒店、饭店一定要诚信经营，净化我们甘孜的市场，做好我们甘孜自己应该做好的事”。相关消息一经发布，立即在网络上引发热议。网友们纷纷点评称“局长明事理”“局长很务实”“这比拍宣传片的宣传效果有用多了”“政府站在人民的立场，才能更好管理商家”“多点这样的局长，我国自己的旅游业

四川省甘孜藏族自治州文旅资源丰富，图为位于该州炉霍县的寿灵寺。

才能更好发展”。

刘洪在回应封面新闻记者时称，近几年，甘孜在文旅宣传方面取得了一些成效，但后续的基础建设、人性化服务更应得到重视，这样才能推动甘孜文旅持续性发展。“这几年甘孜好不容易把知名度打出去了，不能让个别不讲诚信的人损坏了甘孜的整体形象，接下来，我也会与所有相关部门一道，共同维护好甘孜旅游市场。”

本次事件回应视频，点赞量超过 99.6 万次，评论 8.3 万，收藏 2.1 万，转发 3.9 万。微博平台中“甘孜文旅局局长霸气回应网友投诉”话题阅读量超过 65 万次。据统计，自 2 月 26 日至 2 月 28 日 17 时，“甘孜文旅局局长回应网友投诉酒店引发热议”的相关信息总量超过 3.5 万条，其中微博信息超过 1.8 万条。同时，在各大社交平台上，“希望经营者共同维护来之不易的局面”等话题引发网民热议。截至 2 月 28 日 17 时，该话题累计阅读量超 2.6 亿次，评论量超 1 万条。

观察本次公关处置，甘孜文旅局做到果断回应，表态坚定，有效化解矛盾，通过得当措施正确引导舆论，成功化解了危机，是一次生动的公共关系实践。

回应果断，高效解决问题。接到游客投诉后，甘孜文旅局迅速回应，与游客进行沟通并给出解决方案，展现了其高效务实的工作作风。回应中措辞坚决，充分表达了对损害甘孜旅游形象的行为绝不姑息的态度。这种强硬的态度符合公众对正义和公平的期待，引起了共鸣和讨论。

态度友好，有效缓解矛盾。甘孜文旅局局长刘洪在面对游客权益受损的敏感问题时，始终保持冷静和理性。他对待每一位游客和网友的诉求都充满耐心，以友善的态度倾听他们的声音。这种态度不仅有助于平复游客和网友的情绪，更为问题的解决奠定了良好的基础。

措施得当，正确引导舆论。在处理问题时，甘孜文旅部门也为游客提供了合理的解决方案，既维护了游客的权益，也避免了事态的进一步扩大。刘洪表示，此次事件后，康定市将立即启动“净旅行动”，全城摸排酒店行业存在的相关问题，找差距、补短板、提服务。下一步，会将关于全州酒店、民宿、旅馆等更加细化的管理建议上报给州委、州政府，并与市场监管局、公安局、商务局等所有相关部门一起，共同维护好甘孜州旅游市场，全力提升游客体验。网友对该事件的评论大多为正面，认为甘孜的处理方式得当、公正，赢得了广大游客的认可和支持。

本来是一桩旅游市场的丑闻，结果却收获了诸多网友点赞。“神转折”的背后，是个最朴素的逻辑：出了问题，不藏着掖着、不瞒着护着，而是刀刃向内、刮骨疗伤——这样的态度和诚意，才把舆情危机“逆袭”成了获全网点赞的营销契机。甘孜文旅局维护游客权益的做法得到了广泛的社会关注和好评，提升了甘孜州文化旅游的形象，为甘孜州的旅游业发展创造了良好的舆论环境，既提升了甘孜州文化旅游企业的口碑和市场竞争力，也为更多地方政府积极利用公共关系赋能文旅产业发展提供了借鉴经验。

背景资料

康定市位于四川省甘孜藏族自治州东部，是甘孜州州府，地处四川盆地到青藏高原与云贵高原之间过渡地带，素以“藏卫通衢”“川藏要冲”而著称。康定具有悠久灿烂的历史文化，自古以来就是康巴藏区政治、经济、文化、商贸、信息中心和交通枢纽，是茶马古道重镇、藏汉交汇中心。全市幅员面积 1.16 万平方公里，是以藏族为主，汉、回、彝、羌等多民族聚居的城市。

2018 年 9 月 25 日，康定市获得商务部“2018 年电子商务进农村综合示范县”荣誉称号。2019 年 4 月 28 日，四川省人民政府决定康定市退出贫困县序列。

专家点评

面对突发舆情，康定市文旅局的回应迅速及时，态度正确，对策有力，包括查封该酒店并责令停业整顿等。同时，甘孜文旅局局长也在抖音平台向社会承诺，表示“一定要诚信经营”。两级文旅部门的回应和事件处置得到了广泛好评。

康定以及甘孜文旅部门主动维护游客权益、积极塑造当地良好文化旅游形象，是一个管理部门有责任有担当的良好表现，凸显了以人民为中心的执政理念，更展示了熟练运用公关理论化解风险的能力和水平，很值得称道。

同时，该事件处置中也有微瑕。虽然文旅部门的发声表态霸气且被大家叫好，但从行政角度看，有些执法权限并不由该部门行使。打造甘孜康定良好旅游生态环境，宜多部门协同，共同提升执政水平。

（点评专家：顾勇华）